PONS

Grammatik kurz & bündig
LATEIN

mit Online-Übungen

von
von Helmut Schareika

PONS GmbH
Stuttgart

PONS
Grammatik kurz & bündig
LATEIN
mit Online-Übungen

von
Dr. Helmut Schareika

Dieses Werk ist inhaltlich weitestgehend identisch
mit ISBN: 978-3-12-561376-8.

PONS verpflichtet sich, den Zugriff auf die zu diesem Buch passenden Online-Ubungen mindestens bis Ende 2017 zu gewahrleisten.
Einen Anspruch der Nutzung daruber hinaus gibt es nicht.

1. Auflage 2016

Korrektorat: Hermann Tischleder, Trier; Online-Übungen: Melanie Ebert
Logoentwurf: Erwin Poell, Heidelberg
Logoüberarbeitung: Sabine Redlin, Ludwigsburg
Titelfoto: Vlado Golub, Stuttgart
Einbandgestaltung: Anne Helbich, Stuttgart
Layout: Petra Michel, Gestaltung & Typografie, Essen
Satz: Satzkasten, Stuttgart
Druck und Bindung: Multiprint GmbH

ISBN: 978-3-12-562765-9

SO BENUTZEN SIE DIESES BUCH

In einem gewissen Sinne versteht man nur, was man schon weiß, oder: „... man kann Sprache nur verstehen, wenn man mehr als Sprache versteht" (Hans Hörmann). Diese Tatsache - die für Sprechen und Verstehen allgemein gilt - berücksichtigt im normalen Leben jeder (gelungene) Text, indem er von Bekanntem, also sozusagen Inseln des Verstehens, zu Neuem führt, d. h., um im Bild zu bleiben, zu neuen Ufern. Ganz ähnlich ist es nun auch mit dem Sprachenlernen. Diese Grammatik knüpft immer an dem an, **was Sie als sprachliches Wissen schon besitzen**, und führt Sie so zu den wirkenden Erscheinungen des Lateinischen.

Die **PONS Grammatik kurz & bündig Latein** geht dabei davon aus, dass Sie **Texte verstehen** wollen. Deswegen wird hier gewissermaßen die Grammatik aus der Sicht dessen beschrieben, der einen Text vor sich hat. Dabei wird konsequent auf das verzichtet, was man nur wissen muss, wenn man Latein produzieren soll (z. B. manche Grammatikbegriffe).

Im ersten Hauptteil dieser Grammatik geht es schwerpunktmäßig um die **Formen, die äußere Gestalt** des Lateinischen, im zweiten um seine **Anwendung in Texten**. Stets werden zwischen beiden Bereichen Verbindungen hergestellt. Zur Veranschaulichung dienen **zahlreiche Beispiele**, die überwiegend originales oder originalnahes Latein darstellen. Sie sind außerdem so ausgewählt, dass ein gewisses Bild vom Sprechen und Denken der alten Römer „herüberkommt".

Besonderer Wert wurde auf einfache und übersichtliche Darstellung sowie prägnante Veranschaulichung gelegt. Folgende Symbole helfen Ihnen, die Auskünfte, die Sie erhalten, noch klarer einzuordnen:

! Das Ausrufezeichen weist auf **Eigentümlichkeiten** hin, deren Kenntnis Ihnen allgemein nützlich sein wird.

→← Hier wird auf auffällige sprachliche Unterschiede zwischen dem Lateinischen und dem Deutschen hingewiesen.

Die „Glühlampe" beleuchtet insbesondere **Tipps**, die das Textverstehen, das Lernen oder sonstige knifflige Dinge erleichtern können.

▶ Das Dreieck verweist auf weitere Auskünfte zum jeweiligen Thema.

⌈... ⌋ Diese Klammern markieren zum leichteren Verständnis gelegentlich zusammengehörige Wortgruppen.

Online-Übungen

Zu allen wichtigsten Grammatikthemen dieses Buches finden Sie unter pons.de/grammatikportal extra Online-Übungen, mit denen Sie sicher in der Sprache werden. Auf der Innenseite des vorderen Buchdeckels wird Ihnen Schritt für Schritt erklärt, wie Sie zum PONS-Grammatikportal gelangen und dieses kostenlose Angebot nutzen können.

Lēctor intende, laetāberis!
Leser, pass auf, es wird dir Spaß machen!
(Apuleius, Metamorphosen)

Inhalt

EINE AUSSERGEWÖHNLICHE GESCHICHTE – DIE LATEINISCHE SPRACHE

1. Für den, der mehr wissen möchte

Latein wird nicht mehr von Muttersprachlern gesprochen, doch es lebt in Texten, die vor allem aus der Antike oder dem Mittelalter erhalten geblieben sind. Daher ist in dieser Grammatik von den Merkmalen und Regeln dieser Sprache in schriftlich fixierten *Texten* und nicht in ‚natürlichen' Gesprächssituationen die Rede. Solche natürlichen Gesprächssituationen finden sich aber selbstverständlich auch innerhalb literarischer Texte etwa bei Dialogen oder Monologen oder z. B. in erhaltenen Briefen.

Das Lateinische hat eine außergewöhnliche Geschichte, sowohl räumlich (es wurde gesprochen in allen Regionen rund um das Mittelmeer und in manchen Teilen Europas, im Mittelalter war es Sprache des Klerus und der Gebildeten in ganz Europa) als auch zeitlich (von der Gründung Roms vor etwa 2700 Jahren bis in die frühe Neuzeit und darüber hinaus). Klar, dass diese Sprache dabei zahlreiche Veränderungen und Entwicklungen erlebt hat – das Resultat davon sind die heutigen romanischen Sprachen. Hier wollen wir uns innerhalb des Lateinischen auf das „alte Rom" und dort auf den Zeitraum zwischen Cicero (1. Jh. v. Chr.) und Tacitus (um 100 n. Chr.) beschränken, allein das sind schon gut zweihundert Jahre.

Ab dem 2. Jahrhundert v. Chr. – der Zeit, in der Rom sich endgültig ganz Italien unterworfen hatte und zum „Haupt der Welt", **caput mundī**, wurde – erfuhr das Lateinische durch seine Schriftsteller und Dichter eine Normierung und weitgehende Reglementierung, die in dieser Form kaum bei anderen Sprachen zu finden sind. Die Schriftsprache trennte sich bei den meisten Autoren mehr und mehr von der lebendigen gesprochenen Sprache, die schon damals auf dem Weg zu den heutigen romanischen Sprachen war. Die literarische Sprache hingegen wurde mehr und mehr zu einer Art Kunstprodukt; als deren Meister und Vorbild galt schon damals und gilt weiterhin Cicero. An seiner Seite steht eine große Zahl von Sprachkünstlern der Weltliteratur, die alle Register ihres Mediums nutzten. Der Begriff für dieses „gereinigte" Latein ist **sermō pūrus**, *reine Redeweise*.

Die Standardisierung betraf sowohl die Wortformen als auch den Wortschatz; der schlichtere Satzbau des älteren Lateins wurde andererseits komplexer und komplizierter. Davon unberührt blieb die sich frei weiterentwickelnde ‚Volkssprache', der **sermō vulgāris**.

Für den, der Latein lernt, ist der Gewinn aus der Existenz dieses **sermō pūrus** trotzdem enorm: Mit einer Grundlage an Kenntnissen dieser Sprache hat man Zugang zu Äußerungen von Menschen aus vielen Jahrhunderten - bald einem Jahrtausend - und Kulturbereichen und kann zu ihnen in Kontakt treten. Nimmt man das Mittelalter hinzu, auch wenn hier in vielen lateinischen Texten die Muttersprache der Autoren durchscheint und die Wörter zwangsläufig eine neue Welt wiedergeben müssen, kommt man auf mehr als anderthalb Jahrtausende.

Dies ist das eigentlich Außergewöhnliche an der lateinischen Sprache, und dieses Buch möchte so viel, wie im vorgegeben Rahmen möglich ist, davon vermitteln.

2. Die Schrift

Es ist bekannt, dass - wie vieles andere - auch die Schriftzeichen in der Form, wie wir sie gebrauchen, auf die Römer (und über sie wiederum auf die Griechen und Etrusker) zurückgehen. Das römische Alphabet bestand ab der Zeit des Augustus aus folgenden Zeichen:

A	B	C	D	E	F	G	H	I	K	L	M
N	O	P	Q	R	S	T	V	X	Y	Z	

Y und **Z** kamen nur in griechischen Namen und Fremdwörtern vor, das **K** findet sich nicht einmal in einer Handvoll Wörter. **V** bezeichnete den Vokal **u** und das halbkonsonantische **w**, das Zeichen **I** wurde für den Vokal **i** und das konsonantische **j** benutzt; die Zeichen **J** und **W** wurden erst im Mittelalter hinzugefügt und auch in lateinischen Texte verwendet (**w** nur für nichtlateinische Wörter).

In modern gedruckten lateinischen Texten wird zumeist zwischen **v** und **u** unterschieden, also **venīre**, aber **urbs**. Gelegentlich wird für kleines **v** kleines **u** verwendet, also **uenīre**, für großes **U** ein großes **V** (VRBS). Das **i** hingegen steht auch meist hier für **i** und **j**.

Aus den Großbuchstaben, die überall auf Inschriften begegnen, entwickelten sich in der Handschrift - z. B. auf Wachstäfelchen oder Pergament - flüssiger, individuell geschriebene Zeichen, die etwa von Graffiti an Häuserwänden oder aus anderen handschriftlichen Zeugnissen wie Briefen bekannt sind. Noch in der Antike entstanden in der Handschrift auch kursiv geschriebene Kleinbuchstaben.

3. Die Aussprache

Wir wissen gut, wie im Lateinischen einst die einzelnen Buchstaben ausgesprochen wurden. Woher? Vor allem aus Wörtern und Namen, welche in griechischen Texten in griechischer Schrift auftauchen. Eine zweite Quelle sind - tatsächlich! - Schreibfehler in lateinischen Graffiti oder handschriftlich erhaltenen Texten (etwa in Briefen von Soldaten aus dem ägyptischen Wüstensand): Wer falsch schreibt, hält sich gewöhnlich an die Lautung, die er im Ohr hat. Manche Einzelheiten haben auch römische Sprachwissenschaftler beschrieben.

Wir wissen aber, verständlicherweise, nichts davon, wie das Lateinische als lebendige Sprache geklungen hat, nichts über Satzmelodie, Tonfall, Betonungsweisen usw., also über Dinge, die auch für manche Bereiche der Grammatik bedeutsam sind, etwa für die Frage der sog. normalen Wortstellung. Allgemein gesagt, galt ganz gewiss die Sprechweise der buchstäblich „tonangebenden" herrschenden Schicht der Hauptstadt Rom als Vorbild.

Obwohl es ja nicht darum geht, Latein sprechen zu lernen, möchte vielleicht mancher einmal Texte - insbesondere Gedichte, die ja mit vom Klang leben - zum Klingen bringen. Die folgende Tabelle gibt daher Anhaltspunkte dafür, wie Latein in der Aussprache der einzelnen Laute geklungen hat.

Die einzelnen Laute

Die Namen der einzelnen Buchstaben lauteten wie die Unseren, also **a, be, ce, de** usw. (**abecedārius**: das *I-Männchen*); sie wurden übrigens von den Etruskern geprägt, die damit die griechischen Namen *alpha, beta* usw. ablösten.

Buchstabe	Laut	Bemerkung
a	a, ā	wie deutsch
b	b	wie deutsch
c	immer k (wie ital. ohne Hauch)	canis ≈ *kanis*, cinis ≈ *kinis*; Cicerō ≈ *Kikerō*
d	d	wie deutsch
e	e, ē	kurz oder lang, offen („*betten*") oder geschlossen („*beten*")

f	f	wie deutsch
g	g	wie deutsch
h	h	wie deutsch (auch stumm)
i	i, ī, j; manchmal ji	als Vokal kurz oder lang, vor Vokal j: iacere ≈ *jakere* ab-icere ≈ *ab-jikere*
k	k (wie ital. ohne Hauch)	Kalendae
l	l	wie deutsch
m	m	wie deutsch; am Wortende stumm, dafür Nasalierung des Vokals davor wie etwa frz. *main* („Hand"), z. B. hominem ≈ *homine*
n	n	wie deutsch
o	o, ō	kurz oder lang, offen („*offen*") oder geschlossen („*Ofen*")
p	p (wie ital. ohne Hauch)	petere
q	nur in der Verbindung **qu**	quālitās : kw (wie engl. w)
r	r	wahrscheinlich wie italienisches rollendes r
s	s (**immer** stimmlos wie ß)	rosa ≈ *roßa*
t	t (wie ital. ohne Hauch)	nie wie *ts*, daher z. B. nāti-ō
u / v	zwischen und vor Konsonanten: u vor Vokalen: (wie engl.) w	mūnus; vīlla ≈ *wīlla* u nach s vor a und e ebenfalls wie engl. w, z. B. suāvis („süß")
x	ks	exportāre, nox
y	wie deutsch ü	hypogaeum
z	ds oder stimmhaftes s (wie Ro**s**e)	zephyrus
Diphthonge		
ae	wie deutsch ai	Caesar ≈ *kaißar*
oe	wie deutsch oi	poena ≈ *poina*

au	wie deutsch au	auferre
eu	getrennt e-u (also *nicht* wie ‚oi')	neuter, Eurōpa
Vokalkombinationen		
ei	ei wie engl. *say*; bei langem ī zwei Silben: e-ī	sehr selten: ei mihī! (weh mir!); eīs ≈ *e-īs* („ihnen")
ei + u	ĕjj	ēius ≈ *ĕjjus*
ui	uī (langes i) in zwei Silben: uī in einer Silbe wie *pfui*	portuī ≈ *portu-ī* cuīdam
ui + u	ŭjj	cūius ≈ *kŭjjus*
Konsonantenkombinationen		
ch	wie behauchtes (deutsches) k, **nicht** deutsch *ch*	charta ≈ *k^{h}arta*, pulcher ≈ *pulk^{h}er*
ph	wie behauchtes (deutsches) p, also *nicht* f	physica ≈ *p^{h}ysica*
th	wie behauchtes (deutsches) t	theātrum
gn	gesprochen wie ngn	māgnus ≈ *mangnus*
st	s-t mit stimmlosem s	stāre
sp	s-p mit stimmlosem s	spērāre

Die Betonung

Um lateinische Wörter richtig zu betonen, müssen Sie wissen, ob eine Silbe als lang oder kurz gilt. Als lang gelten

- Silben mit lang gesprochenem Vokal,
- Silben mit Diphthong,
- Silben auch mit kurzem Vokal, wenn diesem zwei Konsonanten (auch Doppelkonsonant) einschließlich x oder z folgen.

Als kurz gilt eine Silbe aber auch dann, wenn sie mit einer Kombination aus p, b, t, d, c oder g + l oder r abschließt, z. B. **tẹnĕbrae**.

Damit Sie stets an die Bedeutung der Vokallänge für die Betonung erinnert werden und die nötige Hilfe zum richtigen Sprechen haben, finden

Sie in diesem Buch alle lateinischen Wörter mit dem entsprechenden Hilfszeichen ¯ (dem sog. Makron) über lang zu sprechenden Vokalen versehen (z. B. ā, ū). Bisweilen weist ein Bogen ˘ (Breve) über einem Vokal auf die Kürze hin (z. B. ĕ, ĭ).

Übrigens: Kurze Vokale *vor* der Konsonantenkombination -nf- oder -ns- werden grundsätzlich zu lang gesprochenen Vokalen, also z. B. **cōnfūsiō**, **īnstitūtiō** oder **dēns** („*Zahn*", sprachverwandt), Genitiv **dĕntis**.

Die Betonungsregeln

Lateinische Wörter werden (seit der durch schriftliche Quellen fassbaren Zeit) nur auf der vorletzten oder drittletzten Silbe betont. Der Ton liegt auf der vorletzten Silbe, wenn diese lang ist, sonst immer auf der drittletzten. Das heißt auch, dass die Betonung anders als etwa im Deutschen bei den einzelnen Wörtern „wandern" kann (betonte Silben durch fetten Vokal oder Unterpunkt hervorgehoben):

amor - am**ō**rem (*Liebe*)
fort**ū**na - fortūn**ā**rum (*Schicksal; Vermögen*)
imbēc**i**llus (*schwach*)
s**o**cius - soci**ō**rum (*Gefährte, Verbündeter*)
t**e**nebrae - tenebr**ā**rum (*Finsternis*)
rep**e**tere - r**e**petō - repet**ā**mus (*wiederholen*)

Endbetont sind nur ein paar Wörter wie **illūc** (aus: **illūce** *dorthin*). Außerdem springt der Ton immer auf die letzte Silbe eines Wortes, wenn ein **-que** (*und*) bzw. ein **-ve** (*oder*) angehängt wird, z. B. **amīcī amīcạeque** (*Freunde und Freundinnen*), **omniạque** (*und alles*), **ūnus plūrẹ̄sve** (*einer oder mehrere*).

Die Laute und ihre Abwandlungen

Als normale lebendige Sprache hat das Lateinische natürlich - nicht nur vor der Standardisierung - auch viele Veränderungen in der Lautung von Konsonanten und Vokalen erfahren. Kenntnisse in diesem Bereich können hilfreich sein, um manche lateinische Wortformen besser zu verstehen, doch wird hier nur am Rande darauf eingegangen - das ist mehr Spezialistenwissen. Wo es sinnvoll erscheint, werden entsprechende Hinweise bei den entsprechenden Beschreibungen der Wortformen gegeben. Ein paar durchgehend wichtige Dinge seien hier erwähnt:

- Ein s wird zwischen Vokalen zu r, so **flōs** *Blume*, Genitiv **flōris** (vgl. im Deutschen *Frost* und *frieren*).

- Ein t oder d vor einem s fällt regelmäßig aus, etwa **pēs** (*Fuß*) ◀ ped-s, Genitiv **pĕdis**.
- Ein t nach einem d oder t wird im Lateinischen regelmäßig zu s, das t/d davor fällt aus (**dēfendere** - **dēfēnsum** ◀ defend-tum).

Beachten Sie außerdem folgende Schreib- und Ausspracheregeln:

c+s > **x**	**g+s** > **x**	**gu+s** > **x**	**h+s** > **x**
g+t > **ct**	**h+t** > **ct**		
b+s > **ps**	**b+t** > **pt**	**m+s** > **mps**	**m+t** > **mpt**

Satzzeichen, Silbentrennung, Großschreibung

Über Satzzeichen verfügten schon die Römer, wandten sie aber nicht systematisch an. In modernen gedruckten Texten wird im Wesentlichen die deutsche Zeichensetzung verwendet; auffälligster Unterschied: Wortgruppen mit Infinitiv werden *nicht* durch Komma abgetrennt.

Die Silbentrennung hat mehr mit der früheren als mit der inzwischen reformierten deutschen Silbentrennung gemeinsam; getrennt wird

- nach Vokal, wenn nur *ein* Konsonant folgt: **amī-cus**;
- nach dem ersten Konsonanten, wenn einem Vokal zwei oder drei Konsonanten folgen: **cap-ta**, **som-nus**, **sūm-ptī**;
- Ausnahme: ist der auf c, t, p bzw. g, d, b folgende Konsonant ein l oder r, bleiben diese zusammen: **te-ne-brae**, **Ca-prī**, **mōns-trum** oder **mōn-strum**;
- zusammengesetzte Wörter werden nach ihren **einzelnen** Bestandteilen getrennt: **prōd-esse**, **īn-strū-men-tum**. Phonetisch jedoch: **prō-desse**, **inte-resse**, **a-bīre** etc. שלמה

Großgeschrieben werden nur Namen und Satzanfänge sowie bestimmte Abkürzungen, etwa **SPQR** für **senātus populusque Rōmānus** (*Senat und Volk von Rom*). Satzanfänge können jedoch auch kleingeschrieben werden. Adjektive von Eigennamen werden in Deutschland großgeschrieben, also z. B. **Rōmānus, -a, -um** (*römisch*, auch: *Römer/in*).

2

DAS BILD DER WELT: DIE NOMINA

Die Welt ist so vielfältig wie unendlich. Logisch also, dass die Nomina, unter ihnen in erster Linie die Substantive, dementsprechend die größte Gruppe im Wortschatz bilden - *Sonne, Apfel, Wetter, Ozean, Existentialismus* usw. Und wie menschliche Erfahrungen und Kenntnisse sich ändern oder erweitern, folgt ihnen der Wortschatz bei der Erfassung der außersprachlichen Welt.

Dieser Punkt ist überaus wichtig: Die lateinische Welt ist in Vielem nicht mit unserer identisch. Scheinbar gleiche Dinge hatten einen anderen Inhalt - ob *Haus, Fahrzeug* oder *Lampe*, ob *Soldat, Frieden, Gott* oder *Freiheit* usw. Beachtet man das nicht, können sich Verstehensprobleme und Verstehensfehler ergeben!

Auch Wörter, die von Haus aus keine Substantive sind, können im Lateinischen - wie im Deutschen (z. B. *das Hier und Jetzt, das Warum*) - als Substantive auftreten. Man spricht in diesen Fällen auch von ‚Substantivierung'; lateinische Beispiele: **suprēmum valē** (*das letzte Lebewohl*; **valē** ist Imperativ) oder - häufiger bei Adjektiven - **per aspera ad astra** (*durch Raues ≈ auf rauen* [Wegen] *zu den Sternen*).

1. Wortformen und was dahinter steckt

Ganz ähnlich wie das Deutsche tragen lateinische Nomina in den Wortendungen Informationen über die Anzahl des Gemeinten (Numerus: Singular oder Plural), den Kasus (‚Fall': Nominativ usw.), häufig auch über das Genus (Maskulinum, Femininum, Neutrum). Diese Fülle von Signalen vermittelt leicht den Eindruck, man müsse diese Endungen beherrschen und man beherrsche die Sprache. Das ist nicht falsch, aber leider auch nur begrenzt richtig: Die wenigsten dieser Endungen sind eindeutig.

Eins, zwei, viele ... - Der Numerus

Wie im Deutschen gibt es im Lateinischen zwei Numeri: Singular und Plural. Das reicht zur Kommunikation aus. Bei ein paar sog. Pronominaladjektiven (▶ S. 163) bezeichnet der Singular auch eine ‚Zweizahl' (‚Dual'), z. B. **utraque amīca** *beide Freundinnen*).

Wie im Deutschen heißt Singular nicht, dass das Gemeinte nur aus *einem* Element besteht; das Singularwort kann eine Gruppe von Gleichem oder von als gleichartig Betrachtetem meinen. Ebenso muss der Plural keine Vielheit bezeichnen.

Ebenfalls wie im Deutschen gibt es Wörter, die jeweils nur im Singular (z. B. dt. „Unrat") oder im Plural (dt. „Leute") existieren oder im Singular oder Plural unterschiedliche Bedeutungen aufweisen, z. B.

plēbs (Sg.)	*(Volks-)Masse*		
castra (Pl.)	*(Heer-)Lager*		
littera (Sg.)	*Buchstabe*	**litterae** (Pl.)	*Brief*

Das Genus

Im Genus (das bedeutet: *grammatisches* Geschlecht) kommt zwar die Beobachtung zum Ausdruck, dass Lebewesen über ein *sexus* (*biologisches Geschlecht*) verfügen (*männlich, weiblich, „ohne"* bzw. *„nicht relevant* oder *erkennbar"*), aber das Genus dient nur selten auch zur Bezeichnung des biologischen Geschlechts, hauptsächlich ist es eine rein grammatische Vorschrift.

Manchmal verweist das Genus bei Lebewesen auf deren biologisches Geschlecht:

So heißt etwa **equus** (mask.) neutral *Pferd*, aber in Opposition zu **equa** (fem.) *Stute* bedeutet **equus** *Hengst*; oder man unterscheidet **amīca - amīcus** *Freundin - Freund*, **deus - dea** *Gott - Göttin*.

Bei vielen Wörtern lassen sich mit den Endungen -us und -a maskuline und feminine Wortpaare bilden, bei anderen dienen -tor und -trīx der Kennzeichnung des biologischen Geschlechts (z. B **āctor** *Darsteller*, **āctrīx** *Darstellerin*).

Immerhin ist eine große Zahl von Wortbilde-Elementen im Genus festgelegt, z. B. -tās (fem.), -tor (s. o., mask.). Weitere Regel: Völker sind immer, Flussnamen meist maskulin, Namen von Bäumen und Ländernamen feminin.

Das Genus dient *grammatisch* also hauptsächlich dazu, schon dem *Sinn* nach zusammengehörige Substantive und Adjektive auch äußerlich miteinander zu verbinden, um so das Verstehen zu erleichtern. Entscheidend ist, beim Lesen auf die *bedeutungsmäßige* (‚semantische') Zusammengehörigkeit von Wörtern zu achten.

Die Kasus

Der Singular dieses Begriffs lautet ‚Kasus' (‚Fall') mit kurzem und der Plural ‚Kasus' mit lang gesprochenem u, wie beim lateinischen Wort **cāsus** bzw. **cāsūs**.

Das Lateinische verfügt wie das Deutsche über die Kasus (‚Fälle') Nominativ, Genitiv, Dativ, Akkusativ und zusätzlich über einen im Deutschen als Form nicht vorhandenen fünften Kasus, den Ablativ:

Nominativ	Genitiv	Dativ	Akkusativ	**Ablativ**

Zur Rolle und Bedeutung der einzelnen Kasus ▶ S. 106–129.

Der Vokativ (‚Anredeform') ist kein Kasus, sondern steht grammatisch außerhalb des Satzes. Nur in der o-Deklination (▶ S. 17 f.) gibt es dafür im Singular eine eigene Form, ansonsten wird der Nominativ als Anredeform gebraucht.

Was ein Kasus nun eigentlich ist, lässt sich gar nicht so ohne weiteres bestimmen. Den Ausdruck *der Rose* z. B. kann man nur deswegen als Genitiv und Dativ bezeichnen, weil es z. B. Wörter wie *Veilchen* gibt, die für dieselben Aufgaben im Satz verschiedene Kasusformen, nämlich *des Veilchens* und *dem Veilchen*, aufweisen; oder *die Rose* kann nur deswegen als Nominativ oder Akkusativ gelten, weil diesen Formen in anderen Zusammenhängen etwa *der Mann* und *den Mann* entsprechen kann.

Ein Kasus ist also ein – auch im Lateinischen bei weitem nicht immer eindeutiges! – Signal für bestimmte Rollen eines Wortes im Satz (‚semantische Rollen'). In den modernen Schulsprachen werden diese Rollen (bis auf den Nominativ) vorwiegend, im Deutschen weit häufiger als im Lateinischen durch Präpositionen oder durch die Wortstellung ausgedrückt.

Eine zweite wichtige Aufgabe der Kasus liegt darin, die Zusammengehörigkeit oder ‚Kongruenz' (▶ S. 103) von Wörtern im Satz zu verdeutlichen. So ist z. B. die Zuordnung von Adjektiven und Partizipien zu Substantiven leichter kontrollierbar, etwa **bēstiae fērōcēs** wilde Tiere oder **bēstiae fērōcī** (einem) wilden Tier.

Weil das im Lateinischen so ist, können Autoren stärker als in anderen Sprachen mit der Wortstellung spielen – zum eigenen Vergnügen, zur Leser- bzw. Verstehenslenkung, sicher auch zum Spaß des lateinischen Lesers und bisweilen zur schieren Verzweiflung von Lateinlernenden.

Die Existenz der Wortformen ist also zum Gutteil die Voraussetzung für die Entfaltung lateinischer Stil- und Sprachkunst-Möglichkeiten.

Die fünf Deklinationsgruppen des Lateinischen

Wie im Deutschen werden die Nomina des Lateinischen nicht nach *einem* Schema dekliniert, sondern es gibt fünf Deklinationsgruppen. Deren Bezeichnung richtet sich danach, ob der Wortstamm auf einen Konsonanten oder einen Vokal auslautet. Am besten ist die Sachlage am Genitiv Plural zu erkennen:

- corpo**r**-um *oder* ur**b**-ium: gemischte Deklination (*Körper, Städte*);
- asin**ō**-rum: o-Deklination; (*Esel*);
- ros**ā**-rum: a-Deklination; (*Rose*);
- port**u**-um: u-Deklination; (*Hafen*);
- r**ē**-rum: e-Deklination (*Ding, Sache*).

Allgemeine Kasusregeln

Folgende formale Regeln gelten für sämtliche Deklinationsgruppen:

- Bei Neutra ist der Akkusativ Sg. ohne Ausnahme gleich dem Nominativ Sg.
- Alle Neutra haben im Plural die Endung -a im Nominativ und Akkusativ.
- In allen Deklinationsgruppen ist der Ablativ Plural immer gleichlautend mit dem Dativ Plural.

2. Die Formen der Nomina

Die Substantive

Die o- und a-Deklination

Ihren Namen haben diese häufigen Deklinationsgruppen daher, dass der Stamm der Wörter (der Teil vor der Endung) ursprünglich auf -o- bzw. -a- auslautete.

Genus: Die meisten Wörter der o-Deklination Maskulinum (Nom. Sg. auf **-us** oder **-er**) oder Neutrum (Nom. Sg. auf **-um**), die meisten Wörter der a-Deklination Femininum. Bei Lebewesen hat immer das biologische Geschlecht Vorrang.

Beispiele: hortus - (der) *Garten*; **faber** - (der) *Handwerker*; **verbum** - (das) *Wort*; **fōrma** - (die) *Form, Bild*

Singular	o-Deklination			a-Deklination
Nom.	hortus	faber	verb um	fōrm a
Gen.	hort ī	fabr ī	verb ī	fōrm ae
Dat.	hort ō	fabr ō	verb ō	fōrm ae
Akk.	hort um	fabr um	verb um	fōrm am
Abl.	hort ō	fabr ō	verb ō	fōrm ā

Plural				
Nom.	hort ī	fabr ī	verb a	fōrm ae
Gen.	hort ōrum	fabr ōrum	verb ōrum	fōrm ārum
Dat.	hort īs	fabr īs	verb īs	fōrm īs
Akk.	hort ōs	fabr ōs	verb a	fōrm ās
Abl.	hort īs	fabr īs	verb īs	fōrm īs

Besonderheiten der o-Deklination

Ein Teil der Wörter mit Nominativ Singular auf **-er** wie z. B. **faber** (Gen. **fabrī**) verliert das e aus der Endsilbe -er, andere wie **puer** (Gen. **puerī**) *Junge* behalten es in allen Kasus. Ein Fall für sich ist das häufige Wort **vir** (Gen. **virī**) *Mann*.

- Als Anredeform (Vokativ) existiert in dieser Gruppe eine Form auf **-e**, also z. B. **domine** *Herr!* (abgeschwächt aus -ŏ). Namen auf -ius sowie **fīlius** haben einen Vokativ auf -ī, also z. B. **Pūblī** *Publius!*, **(mī) fīlī** *(mein) Sohn!*.
- Der Genitiv Singular von Wörtern oder Namen auf -ius bzw. -ium, z. B. **Lūcius** oder **cōnsilium**, lautet normalerweise auf ein -ī aus, also **Lūcī** bzw. **cōnsilī**.
- Als Genitiv Plural findet sich verschiedentlich eine Form auf -um, z. B. **deum** *der Götter* oder **nummum** *der Sesterzen* (oft mit -ū- geschrieben).
- Das Wort **deus** *Gott* hat oft die Formen **dī** für **deī** und **dīs** für **deīs** oder **diīs**.

Besonderheiten der a-Deklination

Hier sind die nicht wenigen Substantive zu beachten, die nach der Regel vom Vorrang des biologischen Geschlechts maskulin (oder ganz nach Kontext auch feminin) sind, etwa

nauta *Seemann, Matrose*, **poēta** *Dichter*, **incola** *Einwohner* und *Einwohnerin*. Eine *Dichterin* z. B. ist jedoch eine **poētria**.

Bei einzelnen Wendungen findet sich ein Genitiv Singular auf -ās, z. B.

pater / māter familiās *Familienoberhaupt, ‚Clanchef'; Herrin der Familie*

Die gemischte Deklination (3. Deklination)

Die größte Gruppe bildet die sog. gemischte Deklination. Der Wortstamm endet in dieser Gruppe auf Konsonant oder (sehr selten) auf -i-. Der Begriff ‚gemischte Deklination' bezieht sich darauf, dass viele Wörter mit konsonantischem Stamm einige Kasus ohne erkennbare Regel oft auch so bilden wie Wörter mit i-Stamm – oder umgekehrt.

Für die Wörter dieser Gruppe gibt es auch die Bezeichnungen **konsonantische Deklination** und **i-Deklination**. Wörter, die Merkmale aus beiden Untergruppen gemeinsam haben, zählt man dann zur sog. **Mischklasse**.

Das Genus der Wörter dieser Gruppe ist nicht festgelegt. Regel auch hier: Bei Lebewesen entspricht das grammatische Genus dem biologischen Geschlecht. Viele Bilde-Elemente am Wortausgang sind jedoch mit bestimmten Genera verbunden, z. B. ist **-tor** (bezeichnet den Ausführenden einer Handlung) immer Maskulinum (**victor**: *Sieger*), **-trīx** Femininum (**victrīx**: *Siegerin*) oder **-tiō** (bezeichnet eine Handlung) immer Femininum (**sēditiō**: *Aufstand*).

Die Wörter dieser Gruppe bilden den Nominativ Singular im Maskulinum und Femininum mit s oder ohne s. In den meisten Fällen weicht der Nominativ Singular im Wortstamm von den übrigen Kasus ab. Es empfiehlt sich daher, sich grundsätzlich neben dem Nominativ stets z. B. den Genitiv Singular mit einzuprägen (der Genitiv wird in Wörterbüchern grundsätzlich mit angegeben), z. B.

homō, hominis *Mensch, Mann*; **caput**, capitis *Haupt, Kopf*; **lūsiō**, lūsiōnis *Spiel*; **grex**, gregis *Herde, Gruppe*.

Beispiele: ōrātor - (der) *Redner*; **urbs** - (die) *Stadt*; **canis** - (der) *Hund*; **genus** (n.) - (das) *Geschlecht*

	Singular			
Nom. Gen. Dat. Akk. Abl.	ōrātor ōrātōr is ōrātōr ī ōrātōr em ōrātōr e	urb s urb is urb ī urb em urb e / urb ī	can is can is can ī can em can e	genus gener is gener ī genus gener e

	Plural			
Nom. Gen. Dat. Akk. Abl.	ōrātōr ēs ōrātōr um ōrātōr ibus ōrātōr ēs ōrātōr ibus	urb ēs urb ium urb ibus urb ēs / urb īs urb ibus	can ēs can um can ibus can ēs can ibus	gener a gener um gener ibus gener a gener ibus

Bei anderen Wörtern des Neutrums mit Stamm auf **-us** wird dieser im Genitiv und den anderen Kasus zu **-or-** umgelautet, z. B. **tempus**, Gen. **temporis**, *Zeit*. (Erinnern Sie sich? Im Lateinischen wird s zwischen Vokalen stets zu r!)

Einzelne Besonderheiten

wie z. B. **Iuppiter** (**Iūp**-; eigtl. Iov-pater *Jovis-Vater*), Genitiv **Iovis** usw. oder **iter** (n.) *Weg, Marsch*, Genitiv **itineris**, **sĕnex**, Genitiv **sĕnis** *Greis, alter Mann* etc. finden sich im Wörterbuch.

- Der „Mischcharakter" dieser Gruppe zeigt sich darin, dass der Ablativ Singular auch auf **-ī** statt auf **-e** lauten kann (bei wenigen Wörtern immer), im Akkusativ Singular bei manchen Wörtern auf **-im** statt auf **-em**, im Akkusativ Plural auf **-īs** statt auf **-ēs**. Besonders großes „Durcheinander" herrscht jedoch im Genitiv Plural, wo man mit **-ium** oder **-um** rechnen muss, in manchen Fällen sogar beim selben Wort.

Demgegenüber ist für die Handvoll Wörter mit i-Stamm charakteristisch, dass alle Kasus (außer bei einigen der Nominativ Sg./Pl. sowie Akkusativ Plural) ohne Ausnahme ein -i- zeigen:

i-Stämme: turris (f.) - (der) *Turm*; **mare** (n.) - (das) *Meer*; **animal** (n.) - (das) *Tier*

	Singular		
Nom.	turr is	mar e	animal
Gen.	turr is	mar is	animāl is
Dat.	turr ī	mar ī	animāl ī
Akk.	turr im	mar e	animal
Abl.	turr ī	mar ī	animāl ī

	Plural		
Nom.	turr ēs	mar ia	animāl ia
Gen.	turr ium	mar ium	animāl ium
Dat.	turr ibus	mar ibus	animāl ibus
Akk.	turr īs/ -ēs	mar ia	animāl ia
Abl.	turr ibus	mar ibus	animāl ibus

Die u-Deklination

Eine kleinere Gruppe Wörter mit u-Stamm bildet den Nom. Sg. auf -us oder -ū.

Grammatisches Genus: zumeist maskulin, die mit Nom. Sg. auf -ū sind Neutra.

Beispiele: frūctus - (der) *Ertrag*; **cornū** - (das) *Horn*

	Singular	Plural	Singular	Plural
Nom.	frūctu s	frūctū s	cornū	cornu a
Gen.	frūctū s	frūctu um	cornū s	cornu um
Dat.	frūctu ī	frūcti bus	cornū	corni bus
Akk.	frūctu m	(frūctubus)	cornū	cornu a
Abl.	frūctū	frūctū s	cornū	corni bus
		frūcti bus		

Feminina: **manus** *Hand*, **domus** *Haus*, **anus** *Greisin* u. a.

Neutrum: der Dativ Singula der Neutra lautet meist auf -ū, also hier **cornū** (daneben **cornuī**).

- Das Wort **domus** *Haus* zeigt öfter Formen aus der o-Deklination, z. B. **domō** (Abl. Sg.), **domōs** (Akk. Pl.) oder **domōrum** (Gen. Pl.).

Die e-Deklination

Die kleinste Gruppe der Substantive bilden Wörter der e-Deklination (Stammauslaut also auf -e), deren Nom. Sg. stets auf -ēs ausgeht. Zu ihr gehören die wichtigen Wörter **rēs** (die) *Sache* und **diēs** (der) *Tag*. - Grammatisches Genus: Die Wörter der e-Deklination sind bis auf diēs (*Tag*) sämtlich feminin.

	Singular	Plural	Singular	Plural
Nom.	rē s	rē s	diē s	diē s
Gen.	re ī	rē rum	diē ī	diē rum
Dat.	re ī	rē bus	diē ī	diē bus
Akk.	re m	rē s	die m	diē s
Abl.	rē	rē bus	diē	diē bus

Die Adjektive

Adjektive der o- und a-Deklination

Beispiel: bonus, -a, -um – *gut*

Singular	Maskulinum	Femininum	Neutrum
Nom.	bon us	bon a	bon um
Gen.	bon ī	bon ae	bon ī
Dat.	bon ō	bon ae	bon ō
Akk.	bon um	bon am	bon um
Abl.	bon ō	bon ā	bon ō

Plural	Maskulinum	Femininum	Neutrum
Nom.	bon ī	bon ae	bon a
Gen.	bon ōrum	bon ārum	bon ōrum
Dat.	bon īs	bon īs	bon īs
Akk.	bon ōs	bon ās	bon a
Abl.	bon īs	bon īs	bon īs

Wie bei den Substantiven der o-Deklination gibt es auch einzelne Adjektive, die im Nominativ Singular Maskulinum auf -er auslauten, z. B.

pulcher, pulchra, pulchrum *schön*
prosper, prospera, prosperum *glücklich*

Die Adjektive der 3. Deklination

weisen im Nominativ Singular (und nur dort!) drei Typen auf:

- *verschiedene* Signale für Maskulinum, Femininum und Neutrum:
  ācer, ācris, ācre – *scharf, spitz*
  celer, celeris, celere – *schnell*
- *ein* Signal für Maskulinum und Femininum, *eins* für das Neutrum:
  ūtilis, ūtile – *nützlich*
- *ein* Signal für *alle* drei Genera:
  audāx (Gen. -ācis) – *kühn*, **vehemēns** (Gen. -ntis) – *heftig*

	Singular		Plural	
	m./f.	n.	m./f.	n.
Nom.	ūtilis	ūtile	ūtil ēs	ūtil **ia**
Gen.	ūtil is		ūtil **ium**	
Dat.	ūtil ī		ūtil ibus	
Akk.	ūtil em	ūtile	ūtil ēs / -īs	ūtil **ia**
Abl.	ūtil **ī**		ūtil ibus	

Alle haben im Abl. Sg. **-ī**.

Ein paar Adjektive der 3. Deklination hat im Plural -a und -um und im Ablativ Singular -e, z. B. **vetus**, -teris: **vetera**, **veterum**, **vetere**.

Selbständige Adjektive

Im Deutschen können selbständig auftretende Adjektive den Artikel tragen und sind auf diese Weise als Substantive (‚substantivierte' Adjektive) zu erkennen, z. B. *das Gute, das Nützliche*. Im Lateinischen erkennt man sie nur daran, dass sie selbständig, also ohne Beziehungswort, auftreten:

vēra ā **falsīs** dīiūdicāre	*Wahres vom Falschen trennen*
aliquid **bonī** (Gen.)	*etwas Gutes*
Aegrōtī sōlis calōre recreantur.	*Kranke erholen sich in der Wärme der Sonne.*
in pūblicum prōdeō	*ich trete öffentlich auf*

Steigerung der Adjektive: **cītius – altius – fortius**

Schneller – höher – stärker: das Motto der Olympischen Spiele. Der *Komparativ* der Adjektive bildet seine Formen nach der 3. Deklination mithilfe der Bildesilben **-ior** (Mask. und Fem.) bzw. **-ius** (Neutrum); Beispiel: **dīgnus, -a, -um** *würdig, wert*, Komparativ *würdiger*:

	Singular		Plural	
	m./f.	n.	m./f.	n.
Nom.	dīgn**ior**	dīgn**ius**	dīgniōrēs	dīgniōra
Gen.	dīgniōris		dīgniōrum	
Dat.	dīgniōrī		dīgniōribus	
Akk.	dīgniōrem	dīgnius	dīgniōrēs	dīgniōra
Abl.	dīgniōre		dīgniōribus	

Die Adjektive der gemischten Deklination werden genauso gebildet, z. B. **brevis, -e**, – **brevior, -ius** (*kurz, kürzer*).

Der *Superlativ* zeigt die Bildesilben **-issimus, -rimus (-a, -um), -limus, -(i)mus (-a, -um)** und flektiert wie die Grundform (Positiv) nach der o/a-Deklination:

dīgn**issim**us, -a, -um	*der würdigste*	◀	dīgnus, -a, -um
prosper**rim**us, -a, -um	*der glücklichste*	◀	prosper, -era, -erum *glücklich*
facil**lim**us, -a, -um	*der leichteste*	◀	facilis, -e *leicht* (zu tun)
levis**sim**us, -a, -um	*der leichteste*	◀	levis, -e *leicht* (von Gewicht)
opt**im**us, -a, -um	*der beste*	◀	bonus, -a, -um *gut*

- Adjektive mit Vokal als Stammauslaut bilden Komparativ und Superlativ mit Umschreibung (auch bei den übrigen möglich):

arduus, -a, um *steil*	**magis** arduus, -a, um *steiler*	**māximē** arduus, -a, -um *der steilste*

- Wie im Deutschen und in anderen Sprachen bilden einzelne Adjektive die Steigerungsformen mithilfe verschiedener Stämme:

bonus, -a, -um *gut* **malus, -a, -um** *schlecht* **māgnus, -a, -um** *groß* **parvus, -a, -um** *klein* **multī, -ae, -a** *viele*	**melior, -ius** **pēior, pēius** **māior, -ius** **minor, minus** **plūrēs, plūra**	**optimus, -a, -um** **pessimus, -a, -um** **māximus, -a, -um** **minimus, -a, -um** **plūrimī, -ae, -a** **plērīque, -aeque, -aque**

▶ Formen des Adverbs S. 28

Die Formen des Superlativs bezeichnen auch eine besonders hervorgehobene Stufe (sog. ‚Elativ' oder ‚absoluter Superlativ'). Im Deutschen ist das ein Fall für zusammengesetzte Adjektive der Art *„hundsmiserabel, saugut"*, oder man verwendet das neutrale *„besonders, höchst, äußerst"*. Der Fall liegt dann vor, wenn im Kontext kein Vergleichspunkt auftaucht:

Olympus est mōns **altissimus**.	*Der Olymp ist ein besonders hoher Berg.*

Eine weitere Art der Bildung eines solchen Elativs liegt in der Vorschaltung der Silbe **per-** oder **prae-** vor ein Adjektiv: **pẹrbonus, -a, -um** *überaus gut*; **praeclārus, -a, -um** *höchst berühmt*.

- Beachten Sie: **summus mōns** *der höchste Berg* oder *der Berg ganz oben, die Bergspitze*; **agmen novissimum** *der Zug ganz hinten ≈ die Nachhut*.

Auch der Komparativ tritt – ganz ähnlich auch im Deutschen – als absoluter Komparativ ohne direkten Vergleichspunkt auf. Er beschreibt dann einen *relativ* („vergleichsweise") hohen Grad eines Merkmals, etwa: *Gau-Algesheim ist eine kleinere Stadt im Mittelrheintal*. Beispiel:

Vīvāmus, mea Lesbia, atque amēmus/rūmōrēsque senum **sevēriōrum**/omnēs ūnīus aestimēmus assis.	*Lass uns leben, meine Lesbia, und uns lieben und das Gerede der allzu strengen Alten beide um keinen Heller ernst nehmen.*
Mūnus hōc **difficilius** est.	*Diese Aufgabe ist ziemlich/zu schwierig.* (Kontext!)

... und bin so klug als wie zuvor

Vergleichen kann man auf allen Stufen. Im Lateinischen sieht das so aus:

- **Grundstufe** (Positiv):
  Tam moveor **quam** tū. *Ich bin so beunruhigt wie du.*

  Bei Adjektiven der Gleichheit oder Verschiedenheit:
  Nōnnūllī **aliter** agunt **atque** loquuntur. *Manche handeln anders, als sie sprechen.*

- **Komparativ:**
  Mūnus hŏc lev**ius** est **quam** illud. *Diese Aufgabe ist leichter als jene.*

  Ille loquāx **magis** est **quam** fācundus.
  Der ist mit der Zunge schneller als gewandt (schwatzhafter als redegewandt); stattdessen auch: Ille loquā**cior** est **quam** fācund**ior**.

Typisch lateinisch:

Der Bezugspunkt des Vergleichs lässt sich statt mit **quam** auch mit dem Ablativ bezeichnen; geben Sie Acht auf den Kontext – weitere Ablative (wie ⌈hier⌋) sind nicht auszuschließen:

Mūnus hŏc ⌈multō⌋ lev**ius** est **illō**.
Diese Aufgabe ist ⌈um vieles⌋ leichter als jene.
Rūfus mā**ior** est quīndecim **annīs**.
Rufus ist älter als fünfzehn Jahre.
Olympus mōns alt**ior** est **Vesuviō**.
Der Olymp ist höher als der Vesuv.

- **Superlativ:** Cicerō omnium Rōmanōrum ōrātōrum **clārissimus** est (Bezugspunkt im Genitiv)
  Cicero ist der berühmteste aller römischen Redner.
  Auch: ... ex omnibus Rōmānōrum ōrātōribus ... (*von*)
  ... inter omnēs Rōmānōrum ōrātōrēs ... (*unter*)

Vergleichssätze nach einem Komparativ werden mit **... quam ut ...** + Konjunktiv angeschlossen:

Hoc vidētur **gravius** esse, **quam ut** facile intellegī possīt.	*Das scheint zu bedeutend zu sein, als dass es leicht zu begreifen wäre.*

Der Aspekt des Vergleichens steckt bisweilen im Verb:
Praestāre dīcunt Gallōrum quam Rōmānōrum imperia perferre (*sie sagen, besser sei es, die Befehle der Gallier als die der Römer zu ertragen*).

Verbaladjektive

Partizip der Gleichzeitigkeit Aktiv (PGA), Partizip der Nachzeitigkeit Aktiv (PNA), Partizip der Vorzeitigkeit Passiv (PVP) ▶ S. 50, Gerundivum ▶ S. 50, 139

Zahlen

Im Lateinischen sind wie im Deutschen einige Zahlen deklinierbar:

N.	ūnus	ūna	ūnum	duo	duae	duo	trēs	tria
G.		ūn**īus**		duōrum	duārum	duōrum	trium	
D.		ūn**ī**		duōbus	duābus	duōbus	tribus	
A.	ūnum	ūnam	ūnum	duō(s)	duās	duo	trēs	tria
A.	ūnō	ūnā	ūnō	duōbus	duābus	duōbus	tribus	

Zu **ūnus, -a, -um** ▶ S. 165

- Die Hunderter (außer **centum** *hundert* selbst) flektieren nach der o-/a-Deklination: **ducentī, ducentae, ducenta** usw.
- Zum undeklinierten **mīlle** gehört ein deklinierter Plural: (**duo** usw.) **mīlia, mīlium, mīlibus, mīlia, mīlibus**.

Als Adjektiv begleitet **mīlle** das zugehörige Wort in dessen Kasus, z. B. **mīlle equitēs** oder **cum mīlle equitibus** tausend Reiter, mit tausend Reitern. Als Substantiv folgt auf mīlle ein Genitiv, z. B. **mīlle hominum** ein Tausend an Menschen, tausend Menschen.

Bei den Ordnungszahlen (*der erste* usw.) finden zur Darstellung höherer Zahlen die Zahladverbien Verwendung (▶ Anhang S. 172).

Tausenderzahlzeichen werden mit einem Oberstrich ‾ dargestellt, der „1000-mal" bedeutet (z. B. $\overline{\text{X}}$ oder $\overline{\text{D}}$), zur Bezeichnung von Millionen dienen drei Balken $\overline{|\ |}$ mit der Bedeutung „100 000-mal", z. B. $\overline{|\text{X}|}$. Weitere Zeichen S. 161.

Bei Pluralwörtern werden üblicherweise die Verteilungs- (Distributiv-) Zahlen anstelle der Grundzahlen gebraucht, z. B. **quaternae litterae** *vier Briefe*.

Der Genitiv lautet häufig auf **-um** statt -ōrum, z. B. **bīnum castrōrum** *von zwei Lagern*.

Vollständige Zahlentabellen: ▶ Anhang S. 170.

3. Das Adverb

Adverbien definieren Begriffe anderer Wortarten (v. a. das Adjektiv, z. B. „*sehr* schön") oder die Umstände ganzer Sätze näher, z. B. *dort, häufig, vielleicht*. Ihr Platz ist dabei insgesamt vorwiegend „beim Verb".

Zu den reinen Adverbien (Stammwortadverbien) gehören wie im Deutschen Wörter wie **crās** *morgen*, **diū** *lange*, **saepe** *oft*. Dazu gibt es abgeleitete Adverbien, die ebenfalls nur die Rolle „Adverb" spielen, etwa **vesperī** *abends*, **grātīs** *umsonst*, **nūper** *neulich*, **eō** *dorthin* und viele andere. Die (grammatische) „Herkunft" dieser Wörter ist oft erkennbar.

Sehr viele dieser Wörter tragen im Lateinischen Kasusendungen, etwa **vesperī** ≈ *des Abends* und Adverb *abends* (ganz genauso im Deutschen). Das wirft das Problem auf, sie nicht mit „echten" Kasus zu verwechseln, die im Satz andere Aufgaben erfüllen (z. B. Objekt zu sein). Daher empfiehlt es sich, „bei Verdacht" entweder im Wörterbuch nachzusehen, das alle Adverbien aufführt, oder - besser - zunächst zu prüfen, ob das jeweilige Wort vom Sinn her einen Begleitumstand der Verbaussage oder eher mit einem anderen Wort zusammen eine Gruppe bilden kann.

Schließlich, drittens, lassen sich Adverbien von fast jedem Adjektiv ableiten. Während diese im Deutschen zumeist gleichlautend mit der Grundform des Adjektivs (z. B. *schön*) sind, dienen im Lateinischen zur Ableitung die Signale

a-/o-Deklination	meist **-ē**	seltener **-ō**
gemischte Deklination	**-iter, -ter**	

Steigerbare Adverbien nehmen im Komparativ den Ausgang **-ius** an: **saepe, saepius** *oft, öfter*. Im Superlativ lautet das Adverb regelmäßig auf **-ē** aus:

dīgnus, -a, -um	**dīgnē**	**dīgnius**	**dīgnissimē**
rārus, -a, -um	**rārō** („*selten*")	…	…
prosper, -a, -um	**prosperius**	**prosperē**	**prosperrimē**
brevis, -e	**breviter**	**brevius**	**brevissimē**

Leicht erkennbare Varianten:

ācriter ◀ ācer (*scharf*); **audācter** ◀ audāx (*verwegen*); **vehementer** ◀ vehemēns (*heftig*)

Einzelne Besonderheiten:

bĕnĕ ◀ bonus, -a, -um *(gut)*; **malĕ** ◀ malus, -a, -um (*schlecht*); **valdē** *sehr* ◀ validus, -a, -um (*stark, heftig*); **difficulter** ◀ difficilis, -e (*schwer* [zu leisten]).

Einzelne Adjektiv haben das Neutrum Sg. als Adverb, z. B. **facile** ◀ **facilis, -e** *(leicht)*; **multum** *viel*; **cēterum** *übrigens*.

Beachten Sie:

vērō *tatsächlich* – **vērē** *wahrheitsgemäß*; **certē** *in der Tat* – **certō** *sicher, gewiss*

Wie im Deutschen („die Menschen *damals*") können Adverbien die Aufgabe von Attributen übernehmen:

Intuēminī hōrum **deinceps** annōrum vel secundās rēs vel adversās.	*Betrachtet das Glück und das Unglück dieser Jahre nacheinander ≈ aufeinander folgenden Jahre.*

FORMEN UND INFORMATIONEN - DAS VERB

1. Die Verbformen und ihre Merkmale

Die Stämme des Verbs

Wie im Deutschen, beispielsweise *loben - lobte - gelobt* (schwach); *nehmen - nahm - genommen* (stark), besitzen auch im Lateinischen die Verben drei Stämme. Unter einem ‚Stamm' versteht man das (wie *nehm-nahm-nomm* unterschiedlich oder wie *lob-lob-lob* gleich lautende) Grundelement eines Verbs in den verschiedenen Tempora, das die Bedeutung ausdrückt; dem Stamm werden *Vorsilben, Bildevokale* und *Endungen* vorgeschaltet bzw. angehängt.

Von den jeweils drei (oft unterschiedlichen) Stämmen werden die verschiedenen Tempora und Modi gebildet. Im Lateinischen gibt es folgende Stämme des Verbs:

Präsensstamm	
Tempora	Präsens, Futur, Imperfekt
Modi	Imperativ; Konjunktiv der Gleichzeitigkeit (GZ) I und II
Partizipien	Partizip der Gleichzeitigkeit Aktiv; Gerundivum
Perfektstamm	
Tempora	Perfekt, Perfektfutur, Plusquamperfekt
Modi	Konjunktiv der Vorzeitigkeit (VZ) I und II
PVP-Stamm (PVP: Partizip der Vorzeitigkeit Passiv)	
Tempora	zusammen mit Formen von **esse** (*sein*) Perfekt Passiv, Perfektfutur Passiv, Plusquamperfekt Passiv; Perfekt usw. der Deponentien; *außerdem:* Partizip der Nachzeitigkeit Aktiv
Modi	zusammen mit Formen von **esse** (*sein*) Konjunktiv der Vorzeitigkeit (VZ) I und II Passiv
Partizipien	Partizip der Vorzeitigkeit *Passiv*, Partizip der Nachzeitigkeit *Aktiv*

Fünf Konjugationsgruppen

Je nach dem Auslaut des Präsensstamms werden lateinische Verben fünf Konjugationsgruppen zugeordnet:

- **a-Konjugation: vocā re** (*rufen*)
- **e-Konjugation: monē re** (*ermahnen*)
- **ī-Konjugation** (langes ī): **audī re** (*hören*)
- **konsonantische Konjugation** (einschl. u-Stämme): **reg e re** (*lenken*)
- **gemischte Konjugation** (auch: *Kurz-i-Konjug.* oder *konsonantische Konjugation mit i-Erweiterung*): **cape re** (*fangen*) (das Stamm-e ist aus i abgeschwächt)

‚Normaltypen' und ‚Variationstypen' (sog. unregelmäßige Verben)

Gleich wie im Deutschen gibt es im Lateinischen *zwei Grundweisen*, nach denen Verben ihre Stämme bilden: *Normaltypen* und *Variationstypen*.

- ‚Normaltypen': Die weitaus meisten Verben der a-, e- und i-Konjugation folgen einem Normaltyp:

a-Konjugation	v-Perfekt	**vocāre, vocō, vocāvī, vocātum**
e-Konjugation	u-Perfekt	**monēre, moneō, monuī, monitum**
i-Konjugation	v-Perfekt	**audīre, audiō, audīvī, audītum**

Einzelne Verben dieser Gruppen bilden ein vom Normaltyp abweichendes Perfekt Aktiv und/oder Partizip der Vorzeitigkeit Passiv.

- ‚Variationstypen' (sog. unregelmäßige Verben): Die konsonantische und gemischte Konjugation besitzen keinen Normaltyp. Ihre lautlich z. T. deutlich variierenden Stämme sind nach oft nicht mehr erkennbaren Regeln historisch entstanden (in dem Sinne sind es also *keine* „unregelmäßigen" Verben).

Hier hilft nur eins: von jedem wichtigen Verb die Stammreihen zu lernen und sich besonders die lautlich ähnlichen gut einzuprägen.

Die Verben, die nicht zu den Normaltypen gehören, werden nach der Bildeweise ihres Perfekts Aktiv, also des Perfekt-(Aktiv-)Stamms, eingeteilt.

Eine Hilfe bieten die heutigen Lexika: In ihnen findet man die Stammformen aller Verben, die nicht dem Normaltyp angehören, alphabetisch eingeordnet.

Die Bildung des Perfekt-Aktiv-Stamms

Es gibt sieben verschiedene Bildeweisen des Perfekt-Aktiv-Stamms (3. P. Sg.):

Bildesignal	Präsensstamm	Perfektstamm
-v-:	voca t	**vocāv** it
-u-:	mone t	**monu** it
-s-:	reg i t	**rēx** it
Reduplikation:	posc i t	**po posc** it
keins (≈ Präsens):	vert i t	**vert** it
Vokaldehnung:	vide t	**vīd** it
Dehnung + Ablaut:	cap i t	**cēp** it

Beim Reduplikationsperfekt wird der anlautende Konsonant verdoppelt und ein Vokal (entweder ein e oder derselbe wie in der ersten Silbe) dazwischen geschoben.

Eigentlich handelt es sich nur um fünf Bildeweisen: v- und u-Perfekt sind eine Gruppe, da v ähnlich u gesprochen wurde; Vokaldehnung und Dehnung mit Ablaut können ebenfalls zusammen gesehen werden.

Der Stamm des Partizips der Vorzeitigkeit Passiv

Der dritte Stamm des Verbs zeigt oft ebenfalls Veränderungen gegenüber dem Präsens- und/oder Perfektstamm. Von ihm wird das wichtige Partizip der Vorzeitigkeit Passiv (PVP) gebildet (auch genannt: Part. Perfekt Passiv; ▶ Perfekt Passiv S. 45). Als Verbaladjektiv wird das Partizip wie im Deutschen dekliniert.

Der PVP-Stamm ist immer gut an seinem Signal zu erkennen: **-t-** oder **-s-** + **-us**/**-a**/**-um** (Nominativ Sg.):

audīre	**audītus, -a, -um**
regere	**rēctus, -a, -um**
dēfendere	**dēfēnsus, -a, -um** (*verteidigen*)

Laut- und Schreibregeln

▶ S. 12; Beispiele zum Verb:

- dī**c**ere, dī**x**ī, di**ct**um *(sagen);* exsti**ngu**ere, exstī**nx**ī, exstī**nct**um (*auslöschen*)
- pi**ng**ere, pī**nx**ī, pi**ct**um *(malen);*
- tra**h**ere, trā**x**ī, trā**ct**um (*ziehen*)
- scrī**b**ere, scrī**ps**ī, scrī**pt**um *(schreiben);* sū**m**ere, sū**mps**ī, sū**mpt**um (*nehmen*)

Die Stammformenreihe

Die vollständige Stammformenreihe eines aktivischen lateinischen Verbs besteht aus folgenden Elementen (**vidēre**: *sehen*; **capere**: *fangen, fassen*):

Infinitiv GZ Aktiv	1. P. Sg. Präs. Akt.	1. P. Sg. Pf. Akt.	PVP Ntr. Sg.
vidēre	videō	vīdī	vīsum
capere	capiō	cēpī	captum

Für das PVP wird in der Regel der Nominativ Neutrum Singular abgegeben, da ein Teil der Verben (die sog. intransitiven) nur über diese Form verfügt.

Informationen durch Signale

Genauso wie im Deutschen trägt das Verb im Lateinischen Signale für Person, Numerus (Personenzahl: Singular/Plural), Tempus, Modus, Aktiv/Passiv (Diathesen oder Genera Verbi).

Übersicht über die Personensignale des Verbs

Typisch lateinisch: Beim *Sprecher (ich, wir*: 1. Person) und beim *Angesprochenen (du, ihr*: 2. Person) begnügt sich das Lateinische zumeist mit den Personalendungen, die im Verb enthalten sind, und verzichtet auf die Personalpronomina (▶ S. 146).

Diese Signale sind insgesamt recht überschaubar, doch nicht in jedem Fall eindeutig, da viele äußerlich mit Endungsformen anderer Wörter identisch sind. Das **-ō** bzw. **-m** oder **-or** bzw. **-r** der 1. Person Singular ist jeweils exklusiv für bestimmte Fälle vorgesehen:

			1. P.	2. P.	3. P.
Aktiv	Alle Tempora außer Perfekt	Sg.	**-ō/-m** *ich*	**-s** *du*	**-t**
		Pl.	**-mus** *wir*	**-tis** *ihr*	**-nt**
	nur Perfekt	Sg.	**-ī** *ich*	**-istī** *du*	**-it**
		Pl.	**-imus** *wir*	**-istis** *ihr*	**-ērunt** [**-ēre**]
Passiv/ Dep.	alle Tempora des Präsensstammes	Sg.	**-or/-r** *ich*	**-ris** [**-re**] *du*	**-tur**
		Pl.	**-mur** *wir*	**-minī** *ihr*	**-ntur**

Die Formen der 3. Person

Die im Text besonders häufigen und wichtigen Formen der 3. Person

3. P.	**-t**	(Aktiv Singular)	**-nt**	(Aktiv Plural)
	-tur	(Passiv Singular)	**-ntur**	(Passiv Plural)

gibt es im Lateinischen bei anderen Wortarten fast gar nicht (**-t, -tur**) oder gar nicht (**-nt, -ntur**), sind also eindeutig. Damit sorgen sie als Signal für ‚Anderes' neben Sprecher und Angesprochenem, nämlich die ‚3. Person' (Singular und Plural, Aktiv bzw. Passiv), eigentlich immer für „klare Verhältnisse":

3. P.	Findet sich das zugehörige Subjekt nicht im selben Satz wie das Verb, ergibt sich aus dem Zusammenhang, ob im Deutschen *er/sie/es* bzw. *sie* (Pl.) hinzuzufügen ist.

Die Imperative zeigen folgende Signale:

		2. P.	3. P.
Aktiv	Sg.	-Ø/-e; -tō	-tō
	Pl.	-te; -tōte	-ntō
Passiv/ Dep.	Sg.	-re; -tor	-tor
	Pl.	-minī	-ntor

Ø: das übliche Zeichen für ‚Null' – auch das Fehlen eines Signals kann ein Signal sein.

Zwischen die Stämme des Verbs und die Personalendungen treten häufig zur „reibungslosen" Aussprache sog. Bildevokale (auch genannt: Bindevokale): **e**, **i** oder **u**. In den Tabellen werden hier die einzelnen Elemente zur Verdeutlichung meist leicht voneinander abgesetzt. Manchmal verschmelzen zwei Vokale miteinander.

Auch die Tempora sind durchweg an ihren eigenen Signalen zu erkennen. Anders als im Deutschen bestehen aber Perfekt sowie Plusquamperfekt des Aktivs und viele Tempora des Passivs aus einheitlichen zusammengesetzten Formen. Das lateinische Passiv hat zudem weitergehende Aufgaben als das deutsche und ist mit diesem nicht einfach gleichzusetzen (▶ S. 92).

Typisch lateinisch: Es gibt Verben mit nur *passivischen* Formen bei *aktivischer* (oder reflexiver - *„sich"*) Bedeutung, sog. Deponentien (▶ S. 46).

Infinitive und Partizipien

Wie das Deutsche hat das lateinische Verb auch Infinitive, wie im Deutschen werden vom Verb Partizipien (‚Verbaladjektive') abgeleitet. Es gibt allerdings mehr verschiedene Infinitive und Verbaladjektive als im Deutschen (▶ S. 48) und sie kommen häufiger vor.

2. Die Formen der Verben

In den folgenden Tabellen bedeutet GZ *Gleichzeitigkeit* und VZ *Vorzeitigkeit* (▶ S. 64). Für die Konjunktivformen wird kein Übersetzungshinweis gegeben, weil Konjunktive nur aus ihrem Kontext heraus übersetzt werden können. Mit dem Dreieck ▶ wird auf die Abschnitte verwiesen, in denen der Konjunktiv erklärt wird. Da ein Sprecher/Autor im Lateinischen sich viel öfter als im Deutschen zwischen Indikativ und Konjunktiv entscheiden muss, werden in den folgenden Tabellen die jeweiligen Formen einander gegenübergestellt aufgeführt.

Viele Konjunktive und Indikative sind äußerlich nicht als solche erkennbar. Es ist also gut, die Grundform des Verbs (den Infinitiv) zu kennen, damit man es bei der Zuordnung leichter hat. Außerdem: Auf Sinn und Kontext achten!

- Das Präsens als ‚allgemeines Tempus' hat keinerlei Tempussignale.
- Die Verben der i-Konjugation haben einen Präsensstamm, der auf langes i auslautet; dieses wird jedoch vor Vokal zu einem kurzen i.
- Zu den Verben der konsonantischen Konjugation werden auch Verben mit auslautendem u-Stamm gezählt, z. B. **metuĕre** (*fürchten*).

- Die Besonderheit der gemischten (kurz-i)-Konjugation besteht darin, dass die Formen teils wie die der i-Konjugation, teils wie die der konsonantischen Konjugation aussehen. Diese Eigentümlichkeit rührt daher, dass der Stamm um ein kurzes i erweitert ist; dieses wird (wie auch sonst im Lateinischen) vor einem r zu e abgeschwächt und entsprechend geschrieben. Da das Stamm-i kurz ist, werden die Formen entsprechend betont.

Die Tempora und Modi des Präsensstamms: Aktiv

Präsens Indikativ • Konjunktiv GZ I mit mit -e-

a-Konjugation			1. P.	2. P.	3. P.
Ind.	*ich rufe*	Sg. Pl.	vocō (!) vocā mus	vocā s vocā tis	voca t voca nt
Konj. GZ I	Signal **-e-** ▸ S. 73; 80	Sg. Pl.	voc e m voc ē mus	voc ē s voc ē tis	voc e t voc e nt

e-Konjugation			1. P.	2. P.	3. P.
Ind.	*ich mahne*	Sg. Pl.	mone ō monē mus	monē s monē tis	mone t mone nt
Konj. GZ I	Signal **-a-** ▸ S. 73; 80	Sg. Pl.	mone a m mone ā mus	mone ā s mone ā tis	mone a t mone a nt

Präsens Indikativ • Konjunktiv GZ I mit mit -a-

i-Konjugation			1. P.	2. P.	3. P.
Ind.	*ich höre*	Sg. Pl.	audi ō audī mus	audī s audī tis	audi t audi u nt
Konj. GZ I	Signal **-a-** ▸ S. 73; 80	Sg. Pl.	audi a m audi ā mus	audi ā s audi ā tis	audi a t audi a nt

konsonant. Konjugation			1. P.	2. P.	3. P.
Ind.	*ich leite*	Sg. Pl.	reg ō reg i mus	reg i s reg i tis	reg i t reg u nt
Konj. GZ I	Signal **-a-** ▸ S. 73; 80	Sg. Pl.	reg a m reg ā mus	reg ā s reg ā tis	reg a t reg a nt

gemischte Konjugation			1. P.	2. P.	3. P.
Ind.	*ich fange*	Sg. Pl.	capi ō capi mus	capi s capi tis	capi t capi u nt
Konj. GZ I	Signal **-a-** ▸ S. 73; 80	Sg. Pl.	capi a m capi ā mus	capi ā s capi ā tis	capi a t capi a nt

Imperfekt Indikativ mit -ba- • Konjunktiv GZ II mit -re-

a-Konjugation			1. P.	2. P.	3. P.
Ind.	*ich rief, (habe gerufen)*	Sg. Pl.	vocā ba m vocā bā mus	vocā bā s vocā bā tis	vocā ba t vocā ba nt
Konj. GZ II	▸ S. 73; 80	Sg. Pl.	vocā re m vocā rē mus	vocā rē s vocā rē tis	vocā re t vocā re nt

e-Konjugation			1. P.	2. P.	3. P.
Ind.	*ich mahnte, (habe gemahnt)*	Sg. Pl.	monē ba m monē bā mus	monē bā s monē bā tis	monē ba t monē ba nt
Konj. GZ II	▸ S. 73; 80	Sg. Pl.	monē re m monē rē mus	monē rē s monē rē tis	monē re t monē re nt

Imperfekt Indikativ mit -ēba- • Konjunktiv GZ II mit -re-

i-Konjugation			1. P.	2. P.	3. P.
Ind.	*ich hörte, (habe gehört)*	Sg. Pl.	audi ēba m audi ēbā mus	audi ēbā s audi ēbā tis	audi ēba t audi ēba nt
Konj. GZ II	▸ S. 73; 80	Sg. Pl.	audī re m audī rē mus	audī rē s audī rē tis	audī re t audī re nt

Imperfekt Indikativ mit -ēba- • Konjunktiv GZ II mit -ere-

konsonant. Konjugation			1. P.	2. P.	3. P.
Ind.	*ich leitete, (habe geleitet)*	Sg. Pl.	reg ēba m reg ēbā mus	reg ēba s reg ēbā tis	reg ēba t reg ēba nt
Konj. GZ II	▸ S. 73; 80	Sg. Pl.	reg ere m reg erē mus	reg erē s reg erē tis	reg ere t reg ere nt

gemischte Konjugation			1. P.	2. P.	3. P.
Ind.	*ich fing, (habe gefangen)*	Sg. Pl.	capi ēba m capi ēbā mus	capi ēbā s capi ēbā tis	capi ēba t capi ēba nt
Konj. GZ II	▸ S. 73; 80	Sg. Pl.	cap ere m cap erē mus	cap erē s cap erē tis	cap ere t cap ere nt

Futur mit b-bi-bu

a-Konjugation			1. P.	2. P.	3. P.
Ind.	*ich werde rufen/rufe*	Sg. Pl.	vocā b ō vocā bi mus	vocā bi s vocā bi tis	vocā bi t vocā bu nt

e-Konjugation			1. P.	2. P.	3. P.
Ind.	*ich werde mahnen/mahne*	Sg. Pl.	monē b ō monē bi mus	monē bi s monē bi tis	monē bi t monē bu nt

Futur mit a-e

i-Konjugation			1. P.	2. P.	3. P.
Ind.	*ich werde hören/höre*	Sg. Pl.	audi a m audi ē mus	audi ē s audi ē tis	audi e t audi e nt

konsonant. Konjugation			1. P.	2. P.	3. P.
Ind.	*ich werde leiten/leite*	Sg. Pl.	reg a m reg ē mus	reg ē s reg ē tis	reg e t reg e nt

gemischte Konjugation			1. P.	2. P.	3. P.
Ind.	*ich werde fangen/fange*	Sg. Pl.	capi a m capi ē mus	capi ē s capi ē tis	capi e t capi e nt

Imperativ I und Imperativ II

Bedeutung

Der Imperativ I Aktiv ist der gewöhnliche Imperativ, also *ruf/ruft!, mahne! mahnt!, hör/hört!, leite/leitet!, fang/fangt!*

Der Imperativ II Aktiv (*du sollst, er soll, ihr sollt, sie sollen rufen* usw.) ist ernster und feierlicher, man findet ihn z. B. in Gesetzen.

a-Konjug.		2. P.	3. P.
Imp. I	Sg. Pl.	vocā vocāte	
Imp. II	Sg. Pl.	vocātō vocātōte	vocātō vocantō

e-Konjug.		2. P.	3. P.
Imp. I	Sg.	monē monēte	
Imp. I	Sg. Pl.	monētō monētōte	monētō monentō

i-Konjug.		2. P.	3. P.
Imp. I	Sg. Pl.	audī audīte	
Imp. II	Sg. Pl.	audītō audītōte	audītō audiuntō

kons.-Kj.		2. P.	3. P.
Imp. I	Sg. Pl.	rege regite	
Imp. II	Sg. Pl.	regitō regitōte	regitō reguntō

Bei einigen Verben der konsonantischen Konjugation finden sich verkürzte Imperative:

dīcere: **dīc!** (*sag!*), dūcere: **dūc!** (*führe!*), facere: **fac!** (*mach!*), ferre: **fer!** (*bring!*).

gem. Kj.		2. P.	3. P.
Imp. I	Sg. Pl.	cape capite	
Imp. II	Sg. Pl.	capitō capitōte	capitō capiuntō

Die Tempora und Modi des Präsensstamms: Passiv

Nach den folgenden Mustern werden auch die Formen der Deponentien gebildet (▶ S. 46).

Präsens Indikativ • Konjunktiv GZ I mit mit -e-

a-Konjugation			1. P.	2. P.	3. P.
Ind.	*ich werde gerufen* usw.	Sg. Pl.	vocor (!) vocāmur	vocāris [-re] vocāminī	vocātur vocantur
Konj. GZ I	Signal **-e-** ▶ S. 73; 80	Sg. Pl.	vocer vocēmur	vocēris [-re] vocēminī	vocētur vocentur

Präsens Indikativ • Konjunktiv GZ I mit mit -a-

e-Konjugation			1. P.	2. P.	3. P.
Ind.	*ich werde gemahnt*	Sg. Pl.	mone or monē mur	monē ris [-re] monē minī	monē tur mone ntur
Konj. GZ I	Signal **-a-** ▸ S. 73; 80	Sg. Pl.	mone a r mone ā mur	mone ā ris [-re] mone ā minī	mone ā tur mone a ntur

i-Konjugation			1. P.	2. P.	3. P.
Ind.	*ich werde gehört*	Sg. Pl.	audi or audī mur	audī ris [-re] audī minī	audī tur audi u ntur
Konj. GZ I	Signal **-a-** ▸ S. 73; 80	Sg. Pl.	audi a r audi ā mur	audi ā ris [-re] audi ā minī	audi ā tur audi a ntur

konsonant. Konjugation			1. P.	2. P.	3. P.
Ind.	*ich werde regiert*	Sg. Pl.	reg or reg i mur	reg **e** ris [-re] reg i minī	reg i tur reg u ntur
Konj. GZ I	Signal **-a-** ▸ S. 73; 80	Sg. Pl.	reg a r reg ā mur	reg ā ris [-re] reg ā minī	reg ā tur reg a ntur

gemischte Konjugation			1. P.	2. P.	3. P.
Ind.	*ich werde gefangen*	Sg. Pl.	capi or capi mur	cap **e** ris [-re] capi minī	capi tur capi u ntur
Konj. GZ I	Signal **-a-** ▸ S. 73; 80	Sg. Pl.	capi a r capi ā mur	capi ā ris [-re] capi ā minī	capi ā tur capi a ntur

Imperfekt Indikativ mit -ba- • Konjunktiv GZ II mit -re-

a-Konjugation			1. P.	2. P.	3. P.
Ind.	*ich wurde gerufen (bin gerufen worden)*	Sg. Pl.	vocā bā r vocā bā mur	vocā bā ris [-re] vocā bā minī	vocā bā tur voca ba ntur
Konj. GZ II	▸ S. 73; 80	Sg. Pl.	vocā re r vocā rē mur	vocā rē ris [-re] vocā rē minī	vocā rē tur vocā re ntur

e-Konjugation			1. P.	2. P.	3. P.
Ind.	*ich wurde gemahnt (bin gemahnt worden*	Sg. Pl.	monē ba r monē bā mur	monē ba ris [-re] monē bā minī	monē bā tur monē ba ntur
Konj. GZ II	▸ S. 73; 80	Sg. Pl.	monē re r monē rē mur	monē rē ris[-re] monē rē minī	monē rē tur monē re ntur

Imperfekt Indikativ mit -ēba- • Konjunktiv GZ II mit -re-

i-Konjugation			1. P.	2. P.	3. P.
Ind.	*ich wurde gehört (bin gehört worden)*	Sg. Pl.	audi ēba r audi ēbā mur	audi ēbā ris [-re] audi ēbā minī	audi ēbā tur audi ēba ntur
Konj. GZ II	▸ S. 73; 80	Sg. Pl.	audī re r audī rē mur	audī rē ris [-re] audī rē minī	audī rē tur audī re ntur

Imperfekt Indikativ mit -ēba- • Konjunktiv GZ II mit -ere-

konsonant. Konjugation			1. P.	2. P.	3. P.
Ind.	*ich wurde regiert (bin regiert worden)*	Sg. Pl.	reg ēba r reg ēbā mur	reg ēbā ris [-re] reg ēbā minī	reg ēba tur reg ēba ntur
Konj. GZ II	▸ S. 73; 80	Sg. Pl.	reg ere r reg erē mur	reg erē ris [-re] reg erē minī	reg erē tur reg ere ntur

gemischte Konjugation			1. P.	2. P.	3. P.
Ind.	*ich wurde gefangen (bin gefangen worden)*	Sg. Pl.	capi ēba r capi ēbā mur	capi ēbā ris [-re] capi ēbā minī	capi ēbā tur capi ēba ntur
Konj. GZ II	▸ S. 73; 80	Sg. Pl.	cap ere r cap erē mur	cap erē ris [-re] cap erē minī	cap erē tur cap ere ntur

Futur mit b-bi-bu

a-Konjugation			1. P.	2. P.	3. P.
Ind.	*ich werde gerufen (werden)*	Sg. Pl.	vocā b or vocā bi mur	vocā be ris vocā bi minī	vocā bi tur vocā bu ntur

e-Konjugation			1. P.	2. P.	3. P.
Ind.	*ich werde gemahnt (werden)*	Sg. Pl.	monē b or monē bi mur	monē be ris [-re] monē bi minī	monē bi tur monē bu ntur

Futur mit a-e

i-Konjugation			1. P.	2. P.	3. P.
Ind.	*ich werde gehört (werden)*	Sg. Pl.	audi a r audi ē mur	audi ē ris [-re] audi ē minī	audi ē tur audi e ntur

konsonant. Konjugation			1. P.	2. P.	3. P.
Ind.	*ich werde regiert (werden)*	Sg. Pl.	reg a r reg ē mur	reg ē ris [-re] reg ē minī	reg ē tur reg e ntur

gemischte Konjugation			1. P.	2. P.	3. P.
Ind.	*ich werde gefangen (werden)*	Sg. Pl.	capi a r capi ē mur	capi ē ris [-re] capi ē minī	capi ē tur capi e ntur

Die Imperative (Passivformen)

Imperative können im eigentlichen Passiv nicht vorkommen, wohl aber dann, wenn die Passivform z. B. reflexive Bedeutung besitzt, etwa:

movēre *bewegen* — movē, movēte! – *beweg(t)* [etwas]
movērī *bewegt werden* (passivisch), *sich bewegen* (reflexiv) — **movēre!** – *beweg dich!*

Imperativformen werden v. a. jedoch bei den sog. *Deponentien* benötigt, sodann aber auch bei Verben mit passivischen Formen und aktivischer/reflexiver Bedeutung (▶ S. 46). Bei den folgenden Beispielen handelt es sich um solche Deponentien.

			2. P. Sg.	2. P. Pl.
Imp. I	a-Konjug.	imitārī *nachahmen*	imitā re *ahme nach!*	imitā minī *ahmt nach!*
	e-Konjug.	tuērī *betrachten, beschützen*	tuē re *betrachte!*	tuē minī *betrachtet!*
	i-Konjug.	largīrī *(be)schenken*	largī re *schenke!*	largī minī *schenkt!*
	kons. Konjug.	loquī *reden, sprechen*	loqu e re *sprich!*	loqu i minī *sprecht!*
	gem. Konjug.	ingredī *hineingehen*	ingrede re *geh hinein!*	ingredi minī *geht hinein!*
			2. P.	3. P.
Imp. II	Sg.	*du sollst/er soll nachahmen!*	imitā tor	imitā tor
	Pl.	*sie sollen sprechen!*		loqu u ntor

Das Perfekt Aktiv aller Konjugationen

Die Formenbildung des Perfekts, Plusquamperfekts und Perfektfuturs Aktiv ist für alle Perfekttypen in allen Konjugationen einheitlich:

v-Perfekt		u-Perfekt		
vocāv-	**audīv-**	**monu-**		
s-Perfekt	Dehnung	Dehnung +Ablaut	Reduplikation	= Präsensstamm
rēx-	**vīd-**	**cēp-**	**po-posc-**	**vert-**

Die Formen folgen demselben Muster wie beim Beispiel vocāre (Zu Schreibregeln ▶ S. 12, 33). Die Personensignale (Endungen) lauten im Indikativ Aktiv einheitlich:

	1. P.	2. P.	3. P.
Sg.	**-ī**	**-istī**	**-it**
Pl.	**-imus**	**-istis**	**-ērunt [-ēre]**

Die Personensignale bei den Formen des Konjunktivs der Vorzeitigkeit I sind die auch sonst bekannten (in der 1. P. Sg. -**m**).

Perfekt Indikativ • Konjunktiv VZ I mit -eri-

			1. P.	2. P.	3. P.
Ind.	*ich rief, ich habe gerufen*	Sg. Pl.	vocāv ī vocāv imus	vocāv istī vocāv istis	vocāv it vocav ērunt [-ēre]
Konj. VZ I	▶ S. 73; 80	Sg. Pl.	vocāv eri **m** vocāv eri mus	vocāv eri s vocāv eri tis	vocāv eri t vocāv eri nt

Plusquamperfekt Indikativ mit -era- • Konjunktiv VZ II mit -isse-

Im Plusquamperfekt finden sich wieder die üblichen Personensignale (in der 1. P. Sg. -m):

			1. P.	2. P.	3. P.
Ind.	*ich hatte gemahnt*	Sg. Pl.	vocāv era m vocāv erā mus	vocāv erā s vocāv erā tis	vocāv era t vocāv era nt
Konj. VZ II	▶ S. 73; 80	Sg. Pl.	vocāv isse m vocāv issē mus	vocāv issē s vocāv issē tis	vocāv isse t vocāv isse nt

Perfektfutur (Futur II) mit -er-/eri-

			1. P.	2. P.	3. P.
Ind.	▶ S. 73	Sg. Pl.	vocāv er **ō** vocāv eri mus	vocāv eri s vocāv eri tis	vocāv eri t vocāv eri nt

Perfektfutur und Konjunktiv VZ I haben bis auf die 1. Person Singular (*ich*: -**m** bzw. -**ō**) die gleichen Formen!

Infinitive ▶ S. 51.

Einige Besonderheiten der Perfektformen

Bei den Perfekta des Typs mit **-v-** finden sich bei manchen Autoren auch Formen ohne -v-; es handelt sich dabei um eher volkssprachliche Formen; einige Beispiele in Auswahl:

petīvī	vocāvistī	vocāvērunt	audīverant	audīvisse (*Inf.*)
petiī	vocāstī	vocārunt	audierant	audīsse (*Inf.*)

In der 3. Person Plural findet sich neben **-ērunt** auch **-ēre**!

Das Perfekt Passiv aller Konjugationen

Im Passiv werden die Formen des Perfekts, Plusquamperfekts und Perfektfuturs ähnlich wie im Deutschen durch Zusammensetzung gebildet; dazu dienen in allen Konjugationsgruppen das *Partizip der Vorzeitigkeit Passiv* (PVP) und Formen des Verbs **esse** (*sein*).

Bildung des PVP: ▸ S. 50.

Da in der 1. (*ich, du*) und 2. (*du, ihr*) Person in der Regel kein Neutrum vorkommen kann, werden in der Tabelle solche Formen nicht aufgeführt. Zu Schreibregeln ▸ S. 12, 33.

- Zum Vorgangs- und Zustandspassiv im Deutschen ▸ S. 94.

Perfekt Passiv Indikativ • Konjunktiv VZ I

			1. P.	2. P.	3. P.
Ind.	*ich wurde gerufen; ich bin gerufen worden; ich bin gerufen*	Sg.	vocāt us, -a sum	vocāt us, -a es	vocāt us, -a, -um est
		Pl.	vocāt ī, -ae sumus	vocāt ī, -ae estis	vocāt ī, -ae, -a sunt
Konj. VZ I	▸ S. 73; 80	Sg.	vocāt us, -a sim	vocāt us -a sīs	vocāt us, -a, -um sit
		Pl.	vocāt ī, -ae sīmus	vocāt ī, -ae sītis	vocāt ī, -ae, -a sint

Plusquamperfekt Passiv Indikativ • Konjunktiv VZ II

			1. P.	2. P.	3. P.
Ind.	*ich war gerufen worden; ich war gerufen*	Sg.	vocāt us, -a eram	vocāt us, -a erās	vocāt us, -a, -um erat
		Pl.	vocāt ī, -ae erāmus	vocāt ī, -ae erātis	vocāt ī, -ae, -a erant

Konj. VZ II	▸ S. 73; 80	Sg. Pl.	vocāt us, -a essem vocāt ī, -ae essēmus	vocāt us, -a essēs vocāt ī, -ae essētis	vocāt us, -a, -um esset vocāt ī, -ae, -a essent

Perfektfutur (Futur II) Passiv

			1. P.	2. P.	3. P.
Ind.	▸ S. 73	Sg. Pl.	vocāt us, -a erō vocāt ī, -ae erimus	vocāt us, -a eris vocāt ī, -ae eritis	vocāt us, -a, -um erit vocāt ī, -ae, -a erunt

Die Deponentien

Deponentien sind Verben, die in allen Konjugationsgruppen vorkommen. Ihre Besonderheit: Sie haben aktivische bzw. reflexive Bedeutung, aber passivische Formen. Auch sie folgen teils den Normaltypen, teils variieren sie den Stamm des Partizips der Vorzeitigkeit (**-tus/-sus, -a, -um**). Als Stammformen werden jeweils die folgenden aufgeführt:

- **a-Konjugation: imitārī** – imitor – imitātus, -a sum: *nachahmen, ich ahme nach, ich (m./f.) ahmte nach (habe ...)*
- **e-Konjugation: tuērī** – tueor – tuitus, -a sum: *betrachten, ich betrachte, ich (m./f.) betrachtete (habe ...)*
- **i-Konjugation: largīrī** – largior – largītus, -a sum: *(be)schenken, ich (be)schenke, ich (m./f.) (be)schenkte (habe ...)*
- **konsonantische Konjugation: loquī** – loquor – locūtus, -a sum: *sprechen, ich spreche, ich (m./f.) sprach (habe ...)*
- **gemischte Konjugation: ingredī** – ingredior – ingressus, -a sum: *hineingehen, ich gehe hinein, ich (m./f.) ging hinein (bin ...)*
- Vollständige Formentabellen finden sich bei den einzelnen Konjugationsgruppen jeweils unter der Rubrik Passiv.
- Beispiel für ein Perfekt in der dritten Person Neutrum: **plaustrum secūtum est** (*der Karren folgte*).

! Bei Deponentien hat das Partizip der Vorzeitigkeit meist aktivische Bedeutung (**ūsus operī** *nach Gebrauch schließen;* **ūtī** *gebrauchen*, **ūsus, -a, -um** *„gebraucht habend“;* **operīre** *zumachen*). Manchmal ist das

gemeinte Zeitverhältnis gleichzeitig (**rătus, -a** *meinend, in der Meinung,* von **rērī, reor, rătus, -a sum**).

Deponentien können je nach ihrer Bedeutung ein Akkusativobjekt bei sich haben (die passivische Form des Verbs kann in diesen Fällen verwirrend wirken!): **tueor caelum** *ich betrachte den Himmel,* **quīdam natūram ducem sequuntur** *manche folgen der Natur als Führerin.* Manche Deponentien haben ein Objekt im Genitiv, Dativ oder Ablativ:

Rōmānī ⌈Tarentī urbis Graecae⌋ potītī sunt.	*Die Römer bemächtigten sich ⌈Tarents, der griechischen Stadt⌋.*
Uterque Gracchus ⌈tribūniciā potestāte⌋ est fūnctus.	*Beide Gracchen bekleideten ⌈das Amt des Volkstribunen⌋.*

Die Deponentien als Verben mit aktivischer Bedeutung besitzen in *einem* Fall aktivische Formen: beim Partizip der Gleichzeitigkeit:

imitāns, (Gen.) -ntis	*nachahmend*
tuēns, (Gen.) -ntis	*betrachtend*
largiēns, (Gen.) -ntis	*schenkend*
loquēns, (Gen.) -ntis	*sprechend*
ingrediēns, (Gen.) -ntis	*hineingehend*

- Das Gerundivum der Deponentien hat (wie das der aktivischen Verben) passivische Bedeutung (▶ S. 50, 139).
- Mit dem Gerundium wird auch der Infinitiv der Deponentien dekliniert (▶ S. 53).

Semideponentien

Einige wenige sog. Semideponentien („Halbdeponentien") haben teils aktivische, teils passivische Formen, z. B.:

- Präsens und abgeleitete Tempora aktivisch, Perfekt passivisch:
  audēre, audeō, ausus, -a sum *wagen*
  solēre, soleō, solitus, -a sum *pflegen, gewohnt sein*
  gaudēre, gaudeō, gavīsus, -a sum *sich freuen*
  fīdere, fīdō, fīsus, -a sum *trauen*
- Dagegen Präsens und abgeleitete Tempora passivisch, Perfekt aktivisch:
  revertī, revertor, revertī *zurückkehren;* **dēvertī** *einkehren*

3. Aus Verb wird Nomen: Partizipien und Infinitive

Im Lateinischen wie im Deutschen herrscht eine intensiv genutzte Durchlässigkeit zwischen den einzelnen Wortarten. Dazu dienen verschiedene Mittel: Oft werden einfach mit den Infinitivendungen aus Substantiven Verben gemacht, z. B. **pūgna** *Kampf*, **pūgnāre** *kämpfen*. Oder man macht aus Verben Substantive: **agere** *tun, handeln*, **āctiō** *Tat*; **vincere** *besiegen*, **victōria** *Sieg*. Welche denkbare Form dann in der Sprache wirklich existiert (z. B. gibt es im Deutschen *siegen - Sieg*, aber nicht *wirken - „Wirk"*, sondern *Wirkung*), das regelt der Sprachgebrauch.

In *einer* Form aber existieren *alle* Verben auch als Substantiv, nämlich als Infinitiv, und über *ein* Verfahren lässt sich aus jedem Verb ein Nomen ableiten, nämlich in Gestalt des Partizips; das Partizip, ein sog. Verbaladjektiv, kann seinerseits im selbständigen Gebrauch wieder eine Rolle als Substantiv übernehmen, etwa:

verletzen	*verletzt*	*die Verletzten*
vulnerāre	**vulnerātus (-a, -um)**	**vulnerātī**
lieben	*liebend*	*die Liebenden*
amāre	**amāns**	**amantēs**

Partizipien

Im Text spielen Partizipien im einfachsten Fall die Rolle von Adjektiven:

mulier **amāns** — *eine liebende Frau*
videō virum **territum** — *ich sehe einen erschrockenen Mann*

Häufiger dienen sie aber anderen Aufgaben (▶ S. 132–137):

- mit einem Substantiv oder Pronomen verbunden stehen sie häufig dort, wo sich im Deutschen in der Regel ein abhängiger Satz findet (‚verbundenes Partizip');
- sind sie dabei mit einem Ablativ verbunden, haben der Ablativ und das Partizip in der Regel den Wert eines eigenen Satzes (‚Ablativsatz').

Die Partizipien - Aktiv

Das *Partizip der Gleichzeitigkeit Aktiv (PGA)* (auch Partizip Präsens Aktiv genannt) hat das Signal **-nt-** und folgt der 3. Deklination:

	Singular m./f.	n.	Plural m./f.	n.
Nom.	vocāns		vocantēs	vocantia
Gen.	vocantis		vocantium	
Dat.	vocantī		vocantibus	
Akk.	vocantem	vocāns (!)	vocantēs	vocantia
Abl.	vocante		vocantibus	

Das *Partizip der Nachzeitigkeit Aktiv (PNA)* (auch Partizip Futur Aktiv genannt) ist vom PVP-Stamm abgeleitet (▶ S. 30) und folgt der a-/o-Deklination; seine Signale sind (**dēfendere** *verteidigen*):

-tūrus, -a, -um	**-sūrus, -a, -um**
vocā **tūr** us, -a, -um	dēfēn **sūr** us, -a, -um
esse (*sein*)	fu tūr us, -a, -um (!)

e-Konjugation	**monēns**, *(Gen.)* -ntis	Gleichzeitigkeit
	monitūrus, -a, -um	Nachzeitigkeit
i-Konjugation	**audiēns**, *(Gen.)* -ntis	Gleichzeitigkeit
	audītūrus, -a, -um	Nachzeitigkeit
kons. Konjugation	**regēns**, *(Gen.)* -tis	Gleichzeitigkeit
	rēctūrus, -a, -um	Nachzeitigkeit
gem. Konjugation	**capiēns**, *(Gen.)* -tis	Gleichzeitigkeit
	captūrus, -a, -um	Nachzeitigkeit

- Das Partizip der Gleichzeitigkeit entspricht dem deutschen Partizip I (*rufend, mahnend, hörend* usw.). Gebrauch: ▶ S. 132–137.
- Das Partizip der Nachzeitigkeit bezeichnet direkt bevorstehende Handlungen („*im Begriff zu rufen ...*") oder eine Absicht / einen Zweck („*um zu mahnen*", ▶ S. 134).

Die Partizipien - Passiv

Das Lateinische hat zwei passivische Partizipien:

1. Part. Vorzeitigkeit (PVP): ▸ Perfekt Passiv S. 45
2. Das sog. Gerundivum (Part. Gleichzeitigkeit/Nachzeitigkeit Passiv)

Das Partizip der Vorzeitigkeit Passiv (PVP)

folgt der a-/o-Deklination und hat das Signal (**dēfendere**: *verteidigen*):

-tus, -a, -um vocā **tūr** us, -a, -um	oder	**-sus, -a, -um** (nur nach d, t oder s) dēfēn **sūr** us, -a, -um

Dem PVP entpricht im Deutschen das Partizip II: *gerufen, geschickt*; in selbständigem Gebrauch wird es Substantiv: *der/die Gerufene, der/die Ausgesandte* usw. Im Lateinischen spielt es eine wichtige Rolle bei der Bildung der Perfekt-Tempora des Passivs (▸ S. 45).

Das Gerundivum (nd-Formen)

Typisch lateinisch: Das sog. Gerundivum ist ein Verbaladjektiv, also ein Partizip, und hat passivische Bedeutung. Es wird daher auch als *Partizip der Gleichzeitigkeit/Nachzeitigkeit Passiv* bezeichnet.

Das Gerundivum hat das Signal **-nd-** und folgt der a-/o-Deklination:

	Singular m./f./n.	Plural m./f./n.
Nom.	voca**nd**us, -a, -um	voca**nd**ī, -ae, -a
Gen.	voca**nd**ī, -ae, -ī	voca**nd**ōrum, -ārum, -ōrum
Dat.	voca**nd**ō, -ae, -ō	voca**nd**īs
Akk.	voca**nd**um, -am, -um	voca**nd**ōs, -ās, -a
Abl.	voca**nd**ō, -ā, -ō	voca**nd**īs

e-Konjugation **monendus, -a, -um**
i-Konjugation **audiendus, -a, -um** (auch: **audiundus** ...)
kons. Konjugation **regendus, -a, -um**
gem. Konjugation **capiendus, -a, -um** (auch: **capiundus, -a, -um**)

Im Deutschen lässt sich ein Gerundivum hilfsweise manchmal über die Eselsbrücke des Partizips mit „zu" wiedergeben: *„ein zu rufender ..., eine zu ermahnende ..., ein zu hörendes ..."* (vgl. *„Azubi – Auszubildender"*). Wie das Gerundivum jedoch jeweils richtig zu verstehen ist, ergibt sich aus dem grammatischen und bedeutungsmäßigen Kontext (▸ S. 139).

- Das Neutrum Singular des Gerundivums dient auch zur Deklination des Infinitivs der Gleichzeitigkeit Aktiv und der Deponentien. In dieser Funktion wird es traditionellerweise als *Gerundium* bezeichnet (▶ S. 53).

Die Infinitive

Gegenüber dem Deutschen verfügt das Lateinische über ein breiteres Spektrum an Infinitivformen, d. h. an Verbalsubstantiven (Substantive, die von Verben abgeleitet sind). Diese weisen entsprechend den verschiedenen Konjugationstypen Varianten in der Form auf. Die Signale lauten:

Infinitiv GZ Aktiv	Infinitiv GZ Passiv
-re -se (esse) -le (velle)	**-rī / -ī** -rier, -ier (sehr selten)
Infinitiv VZ Aktiv	
-isse	

		a-Konjug.	e-Konjug.	i-Konjug.	kons. Konj.	gem. Konj.
Aktiv	Gleichzeitigkeit	vocā re	monē re	audī re	reg e re	cape re
	Vorzeitigkeit	vocāv isse	monu isse	audīv isse	rēx isse	cēp isse
	Nachzeitigkeit	vocāt ūrum esse	monit ūrum esse	audīt ūrum esse	rēct ūrum esse	capt ūrum esse
	final („Sup. I")	vocāt um	monit um	audīt um	rēct um	capt um
	final(„Sup. II")	vocāt ū	monit ū	audīt ū	rēct ū	capt ū
Passiv	Gleichzeitigkeit	vocā rī	monē rī	audī rī	reg ī	cap ī
	Vorzeitigkeit	vocāt um esse	monit um esse	audīt um esse	rēct um esse	capt um esse
	Nachzeitigkeit	vocāt um īrī	monit um īrī	audīt um īrī	rēct um īrī	capt um īrī

Bei den mit **esse** gebildeten Infinitiven wird normalerweise immer nur der Akkusativ Neutrum Singular aufgeführt; in Texten können aber alle Formen des Akkusativs vorkommen (**-um, -am, -ōs, -ās, -a esse**), in manchen Fällen auch der Nominativ. – Sup. ≈ Supinum (▶ S. 53).

Entsprechungen im Deutschen

Das Deutsche kennt nur *eine* Infinitivform, die des Infinitivs Aktiv als Grundform des Verbs, entweder mit *zu* oder ohne *zu* gebraucht. Die lateinischen Infinitive finden folgende Entsprechungen:

- Infinitiv der Gleichzeitigkeit
  Aktiv: rufen, fangen *usw.*
  Passiv: gehört werden, gefangen werden *usw.*
- Infinitiv der Vorzeitigkeit
  Aktiv: gerufen haben, gefangen haben *usw.*
  Passiv: gefangen worden sein *usw.*
- Infinitiv der Nachzeitigkeit
  Aktiv: [in Zukunft] rufen, fangen *usw.*
  Passiv: Der Infinitiv der Nachzeitigkeit Passiv besteht aus dem finalen -tum-Infinitiv des Aktivs und dem Infinitiv Passiv **īrī** *„gegangen werden"*. Er findet sich nur im AcI (▶ S. 143):

Fulvia dīcit litterās crās **missum īrī**.	*Fulvia sagt, dass der Brief morgen geschickt (werden) wird.*

Funktionen des Infinitivs

Infinitive gibt es – wie im Deutschen – als Subjekt oder als Ergänzung zu Verben:

Errāre humānum est.	*Irren ist menschlich.*
possum **respondēre**	*ich kann antworten*

- Der *Infinitiv der Gleichzeitigkeit* (auch genannt: Infinitiv Präsens) ist die Grundform des Verbs (z. B. **vocāre** *rufen*).
- Der *Infinitiv der Vorzeitigkeit* (auch genannt: Infinitiv Perfekt) findet sich dann, wenn auf Vergangenes (**audīvisse** *gehört haben*, **captum esse** *gefangen worden sein* oder *gefangen sein* usw.),
- der der *Nachzeitigkeit* (auch genannt: *Infinitiv Futur*), steht dann, wenn auf Erwartetes (**rēctūrum esse** – *[in Zukunft] lenken*) Bezug genommen wird.
- Besonders wichtig sind Infinitive in ihrer Rolle als *Prädikat im AcI (Akkusativ mit Infinitiv)* nach entsprechenden AcI-Auslöser-Verben: Spērō vōs crās **ventūrōs** [**esse**] (*ich hoffe, dass ihr morgen kommt*); Iūlia putat Gāium sē **vocāvisse** (*Julia meint, dass Gaius sie gerufen hat*). Im Deutschen steht in diesen Fällen zumeist ein *dass-Satz* (▶ S. 143).

Die finalen Infinitive auf -tum / -tū

Gegenüber den übrigen Infinitiven begegnet der Infinitiv auf **-tum** (sog. Supinum) recht selten und nur nach Verben der Bewegung; der noch seltenere Infinitiv auf **-tū** (‚Supinum II') kommt nur nach bestimmten Adjektiven vor. Ihnen entspricht der deutsche Infinitiv mit *zu*.

Man könnte diese Infinitive auch mit deutschen Substantiven auf *-ung* vergleichen (wie z. B. *Sichtung* zu *sichten*). Anders als die übrigen Infinitive haben die auf -tum bzw. -tū die Bedeutung der Zielgerichtetheit, des Zwecks (sie sind ‚final'), was in der Hinzufügung von *(um) zu* zum Ausdruck kommt:

Amīcī veniunt Fulviam **spectātum**.	*Die Freunde kommen (um) Fulvia zu sehen.*
dulce **audītū**	*angenehm zu hören*

Die Endungen dieser Infinitive sind unveränderlich und richten sich nach **keinem** anderen Wort im Satz (siehe erstes Beispiel)!

Der Infinitiv dekliniert: das Gerundium (nd-Formen)

Das Gerundium ist nichts anderes als das Neutrum (Singular) des Gerundivums (▶ S. 46), hat also wie dieses das Signal **-nd-**. Seine Aufgabe: Deklination des Infinitivs:

Nominativ	vocāre	*(zu) rufen, das Rufen*
Genitiv	voca**ndī**	*des Rufens*
Dativ [selten]	voca**ndō**	*dem Rufen*
Akkusativ	vocāre	*rufen*
	ad voca**nd**um	*zum Rufen*
Ablativ	(in) voca**ndō**	*durch/beim Rufen*

Entsprechend die Formen der anderen Verbtypen:

monēre, monendī, ..., ad monendum, (in) monendō
audīre, audiendī, ..., ad audiendum, (in) audiendō
regere, regendī, ..., ad regendum, (in) regendō
capere, capiendī, ..., ad capiendum, (in) capiendō

Es kommen auch andere als die hier genannten Präpositionen vor.

Impūdentia huic māgnam **ad sē dēfendendum** facultātem dābit.	*Seine Unverschämtheit wird ihm Gelegenheit zum großen Auftritt geben, um sich zu verteidigen.*

facultās **dormiendī**	*die Möglichkeit zu schlafen/zum Schlaf/Schlafmöglichkeit*

Das Gerundium dient zwar als Substantiv; dass in ihm aber ein Verb steckt, sieht man daran, dass ihm ein Akkusativobjekt folgen und/oder ein Adverb es begleiten kann:

ars (imāginēs **pingendī**)	*die Kunst, Bilder zu malen, die Malkunst*
Gutta cavat lapidem, nōn vī, sed **saepe cadendō**.	*Der Tropfen höhlt den Stein, nicht dadurch dass er mit Wucht, sondern stetig herabfällt.*

4. Einige besonders wichtige Verben

esse *sein*

Das unscheinbare Wörtchen *sein* zeigt in vielen Sprachen eine große Vielfalt an Einzelformen: kein Wunder, gehört es doch zu den meistgebrauchten, elementaren Wörtern. Im Lateinischen werden die Formen von **esse** aus zwei Stämmen in verschiedenen Varianten gebildet:

Präsensstamm: **s-**, **es-**/**er-** (vgl. Fro**s**t - frie**r**en)
Perfektstamm: **fu-**; bei einzelnen Formen: **fo-**

Im Lateinischen dienen die Formen von esse zu verschiedenen Zwecken; sie dienen als:

- Vollverb (‚Existenzsatz'):
  Mundus **est**. *Die Welt existiert.*
  Lutētiae **sum**. *Ich bin in Lutetia (Paris).*
- Hilfsverb mit Prädikatsergänzung (hier: māgna):
  Māgna est Diāna Ephesiōrum. *Groß ist die [Göttin] Diana der Ephesier.*
- Hilfsverb bei der Bildung der Perfekttempora des Passivs:
  Iūlia **vocāta est**. *Julia wurde gerufen/ ist gerufen worden.*

Der Nominalsatz

Eine Eigentümlichkeit (nicht nur) des Lateinischen liegt darin, dass man sich die Setzung des Hilfsverbs oft erspart (sog. Nominalsatz):

Ubī bene, ibī patria.	*Wo es gut ist (mir gut geht), dort ist mein Vaterland.*
Omnia praeclāra rāra.	*Alles Großartige ist selten* (lat. Plural: sunt).
Māgna Diāna Ephesiōrum!	*Groß ist die Diana der Ephesier!*

Präsens Indikativ • Konjunktiv GZ I mit -i-

			1. P.	2. P.	3. P.
Ind.	*ich bin*	Sg. Pl.	sum sumus	es estis	est sunt
Konj. GZ I	▸ S. 73; 80	Sg. Pl.	sim sīmus	sīs sītis	sit sint

Imperfekt Indikativ • Konjunktiv GZ II mit -se/re-

			1. P.	2. P.	3. P.
Ind.	*ich war, ich bin gewesen*	Sg. Pl.	eram erāmus	erās erātis	erat erant
Konj. GZ II	▸ S. 73; 80	Sg. Pl.	essem essēmus	essēs essētis	esset essent

Manche Autoren benutzen statt **essem** usw. die selteneren Formen **forem**, **forēs**, **foret**, **forēmus**, **forētis**, **forent**.

Futur und Imperativ

			1. P.	2. P.	3. P.
Futur	*ich werde sein/bin*	Sg. Pl.	erō erimus	eris eritis	erit erunt
Imp. I	*sei, seid usw.*	Sg. Pl.		es! este!	
Imp. II	*du sollst, er soll sein usw.*	Sg. Pl.		estō! estōte!	estō! suntō!

Perfekt Indikativ • Konjunktiv VZ I mit -eri-

Zu den Personensignalen ▶ S. 33, 43.

			1. P.	2. P.	3. P.
Ind.	*ich war, ich bin gewesen*	Sg. Pl.	fu ī fu imus	fu istī fu istis	fu it fu ērunt [-ēre]
Konj. VZ I	▶ S. 73; 80	Sg. Pl.	fu eri m fu eri mus	fu eri s fu eri tis	fu eri t fu eri nt

Plusquamperfekt Indikativ mit -era- • Konjunktiv VZ II mit -isse-

			1. P.	2. P.	3. P.
Ind.	*ich war gewesen*	Sg. Pl.	fu era m fu erā mus	fu erā s fu erā tis	fu era t fu era nt
Konj. VZ II	▶ S. 73; 80	Sg. Pl.	fu isse m fu issē mus	fu issē s fu issē tis	fu isse t fu isse nt

Perfektfutur (Futur II) mit -er/eri-

			1. P.	2. P.	3. P.
Ind.	▶ S. 71	Sg. Pl.	fu er ō fu eri mus	fu eri s fu eri tis	fu eri t fu eri nt

Perfektfutur und Konjunktiv VZ I haben bis auf die 1. Person Singular (*ich*: **-m** bzw. **-ō**) die gleichen Formen!

Infinitive

Gleichzeitigkeit	esse	*sein*
Vorzeitigkeit	fuisse	*gewesen sein*
Nachzeitigkeit häufig:	futūrum, am, um (-ōs, -ās, -a) esse **fore**	*sein, in Zukunft sein*

Sein und haben

Um *haben* auszudrücken, benutzt das Lateinische recht häufig die Ausdrucksweise **esse + Dativ**; diese kommt in ganz verschiedenen Zusammenhängen vor:

Nōbīs quondam **fuērunt** multī amīcī.	*Einst hatten wir viele Freunde.*
Disputātiō **mihī** nuper **habita est** in Tusculānō.	*Neulich hatte ich eine Diskussion auf meinem Landgut in Tusculum.*
Ūndeciēs ūnā surrēxtī, Zoïle, cēnā, et **mūtāta tibi est** synthesis ūndeciēs.	*Elfmal bist du, Zoilus, von* einer *Mahlzeit aufgestanden, elfmal hast du den Anzug gewechselt* (weil der Betreffende sich beim Essen so bekleckert hat).

Mit Gerundivum (▶ S. 50, 139):

Mihī est canta**ndum**.	*Ich habe zu singen ≈ Ich muss/soll singen.*
Mihī nōn est canta**ndum**.	*Ich habe nicht zu singen ≈ Ich darf/soll nicht singen.*

posse *können*

Das Verbum **posse** („*imstande sein*") ist eine Ableitung (Kompositum) von esse ◀ pote esse. Die Formen haben einen Stamm **pos-** vor -s- und einen Stamm **pot-** vor -e-, also:

- **Präsens Indikativ:** possum, potes, potest, possumus, potestis, possunt
  ich kann usw.
- **Konjunktiv GZ I:** possim … possint
- Der **Konjunktiv GZ II** lautet: possem, possēs … possent: ▶ S. 73; 80
- Der **Perfektstamm** lautet **potu-**, also:
  potuī, potuistī … *ich konnte, habe gekonnt* …; potuerim …; poteram …; poterō …

prōdesse *nützen, helfen*

Bei diesem Kompositum von *esse* („*für* jd. *dasein*", *nützen, helfen*) erscheint die Vorsilbe vor -e- in der Form **prōd-**, sonst **prō-**:

- **Präsens Indikativ:** prōsum, prōdes, prōdest, prōsumus, prōdestis, prōsunt

- **Konjunktiv GZ I:** prōsim … prōsint
- **Imperfekt Indikativ:** prōderam …, **Konjunktiv VZ II:** prōdessem …, **Futur:** prōderō …
- **Perfekt** usw.: prōfuī …, prōfueram …, prōfuerō …

Weitere Komposita von **esse** (Auswahl)

abesse, absum, āfuī	*abwesend sein*
adesse, assum (adsum), adfuī (affuī)	*zugegen sein*
deesse, dēsum, dēfuī	*fehlen*
interesse, intersum, interfuī	*dabei sein*
obesse, obsum, obfuī	*entgegenstehen*
praeesse, praesum, praefuī	*an der Spitze stehen*
superesse, supersum, superfuī	*übrig, überlegen sein*

- **Partizip: absēns**, -ntis *abwesend*; praesēns *anwesend*
  Im Mittelalter wird in philosophischen Texten ein selbständiges Partizip **„ens“** (Gen. **entis**) *das Seiende* geprägt.

fierī *werden, entstehen, geschehen*

In dem Infinitiv **fierī** stecken eigentlich *zwei* Infinitivendungen: Das ältere Latein hatte auch eine Infinitiv-Passiv-Endung -ier (z. B. regier statt regī), die manchmal auch in der Dichtung begegnet; wohl aus Klanggründen wurde bei fierī die konkurrierende Endung -ī mit angefügt.

Das Verb mit dem ungewöhnlichen (passivischen) Infinitiv wird aktivisch wie audīre konjugiert (das -ī- bleibt jedoch vor Vokal außer beim Konj. GZ II lang):

- **Präs. Ind.** fīō, fīs, fit, fīmus, fītis, fīunt
- **Konj. GZ I** fīam, fīās, fīat, fīāmus, fīātis, fīant
- **Impf. Ind.** fīēbam … fīēbant
- **Konj. GZ II** fierem … fierent
- **Futur** fīam, fīēs … fīent
- **Imperativ** fī, fīte!

illa Arabia, ubī apsinthium **fit**	*jenes Arabien, wo Wermut wächst*
Ossa lapis **fīunt**.	*Knochen werden zu Stein.*
Tumultus **fit**.	*Aufruhr bricht aus.*
Fierī nōn potest, ut fallar.	*Es ist unmöglich, dass ich mich täusche.*

Für Perfekt, Plusquamperfekt, Perfektfutur treten die passivischen Formen von **facere** (*machen*) ein; umgekehrt dienen die Formen von **fierī** als Passiv zu **facere** *machen*, also *gemacht werden*:

factus, -a (-um) sum, sim, eram, essem, erō ...	*ich wurde gemacht* usw.
Pōns **fit**.	*Eine Brücke wird gebaut.*

īre *gehen*

Eine Besonderheit dieses Verbs: Der Verbstamm ī- wird (ähnlich beim Pronomen is, ea, id) vor den Vokalen -a- und -u- zu e- abgeschwächt. Bis auf das Futur werden die Formen nach dem Normaltyp audīre gebildet, das Futur nach dem b-bi-bu-Typ **vocāre**.

- **Präsens Ind.** **e**ō, īs, it, īmus, ītis, **e**unt
- **Konj. GZ I** **e**am, **e**ās, **e**at, **e**āmus, **e**ātis, **e**ant
- **Imperfekt Ind.** ībam ... ībant
- **Konj. GZ II** īrem ... īrent
- **Futur** ībō, ībis ... ībunt
- **Imperative** ī, īte! ītō, ītōte! euntō!
- **Partizip** iēns, (Gen.) **e**untis; (Pl.) **e**untēs
- **Perfektstamm** **i-**
  also: iī (oder:) īvī... iērunt, ieram usw.
- **Infinitiv Vz.** nur: **īsse**

Im Passiv kommt die 3. P. Sg. Neutrum vor:
ītur, **eātur**, PVP: **itum** *man geht* usw.

Komposita von īre

abīre *weggehen*
exīre *hinausgehen*
perīre *zugrunde gehen*

adīre *heran-, angehen*
inīre *hineingehen*
subīre *unternehmen*
obīre mortem *sterben (entgegengehen)*

interīre *untergehen*
redīre *zurückgehen*
vēnīre *verkauft werden*
(Aktiv: **vēndere** *verkaufen*)
praeterīre *vorbeigehen*
circumīre *herumgehen*
trānsīre *überschreiten*

- **nequīre**, nequeō, nequīvī (nequiī), nequitum *nicht können* (eigtl. von nequ-it *„geht nicht"*)
  davon auch: **quīre** *können* (queō, quīvī usw.)

Manche Komposita haben entsprechend ihrer Bedeutung ein vollständiges persönliches Passiv, z. B.: **adeor** ... *ich werde besucht*

ferre *tragen, bringen*

ferre wird wie ein gewöhnliches Wort der konsonantischen Konjugation flektiert, es hat jedoch zwei Besonderheiten:

- vor r, s und t gibt es keinen Bildevokal;
- der Perfektstamm Aktiv ist **tul-**, der des PVP **lāt-**.

Die Stammformen lauten also:
ferre, ferō, tulī, lātum.

- Präsens Indikativ
  Aktiv: ferō, **fers**, **fert**, ferimus, **fertis**, ferunt *ich bringe* usw.
  Passiv: feror, **ferris**, **fertur**,
  ferimur, feriminī, feruntur

- Konjunktiv GZ II
  Aktiv: ferrem ... ferrent
  Passiv: ferrer, ferreris ... ferrentur

- Infinitive
  Aktiv: ferre
  Passiv: ferrī

- Imp. Akt.: fer, ferte! fertō, feruntō!

Beachten Sie: **mē ferō** oder **feror** *ich eile, beeile mich*
ferunt *sie (die Leute) sagen, man sagt* („*hinterbringen*")

velle *wollen*

Stößt bei den Formen von **vel-le** ein „eigentlich vorgesehenes" s mit dem vorhergehenden -l- zusammen, wird aus beidem ein Doppel-l. Neben Besonderheiten im Präsens Indikativ und dem Konjunktiv GZ II tritt der Verbstamm in den Varianten **vel-** und **vol-** (**vul-**) auf:

	Präsens	Konj. GZ I -i-	Imperfekt	Konj. GZ II	Futur a-ē
1. P. Sg.	volō	vel**i**m	volēbam	ve**ll**em	vol**a**m
2.	**vīs**	vel**ī**s	volēbās	ve**ll**ēs	volēs
3.	**vult**	vel**i**t	volēbat	ve**ll**et	volet
1. P. Pl.	volumus	vel**ī**mus	...	ve**ll**ēmus	volēmus
2.	**vultis**	vel**ī**tis		ve**ll**ētis	volētis
3.	volunt	vel**i**nt		ve**ll**ent	volent

Partizip: volēns, (Gen.) -ntis; Redewendung: **nōlēns volēns** *ob man will oder nicht*

Perfektstamm volu-, also:
voluī, **volueram**, **voluerō** usw. *ich wollte* usw.

Die von **velle** abgeleiteten Verben **nōlle** (*nicht wollen*) und **mālle** (*lieber wollen*, etw. *vorziehen*) zeigen nur im Indikativ Präsens und beim Imperativ folgende Besonderheiten:

	nōlle	mālle
1. P. Sg.	nōlō	mālō
2.	**nōn vīs**	**māvīs**
3.	**nōn vult**	**māvult**
1. P. Pl.	nōlumus	mālumus
2.	**nōn vultis**	**māvultis**
3.	nōlunt	mālunt

Imperative: nōlī, nōlīte! nōlītō, nōlītōte! *wolle nicht!* usw.

Dieser Imperativ ist wichtig, weil er zur Verneinung des Imperativs anderer Verben dient:

Nōlī(te) mē tangere! *Fass(t) mich* **nicht** *an!*

Die übrigen Formen entsprechen ganz denen von **velle**. Zu beachten: Der Konjunktiv GZ I mit dem Signal **-i-** (wie bei **sim, sīs** ...) und der Konjunktiv GZ II mit **-ll-** (wie bei **vellem** ...); Futurtyp ist auch hier der **a-e-**Typ:

	nōlle	mālle
Konj. GZ I	nōlim, nōlīs ...	mālim, mālīs ...
Imperfekt	nōlēbam ...	mālēbam ...
Konj. GZ II	nōllem, nōllēs ...	māllem, māllēs ...
Futur	nōlam, nōlēs ...	mālam, mālēs ...
Perfekt	nōluī ...	māluī ...

Unpersönliche Verben

- Wie im Deutschen trifft man auf Verben, die nur in der 3. Person vorkommen, z. B.
  pluit *es regnet*
  cōnstat ... (AcI) *es steht fest (, dass...)*

- Bei verschiedenen unpersönlichen Verben steht die betroffene Person im Akkusativ, die auslösende Sache im Genitiv (oder Infinitiv):
  mē **paenitet** ⌈illīus sermōnis⌋ (Gen.) *mich ärgert ⌈dieses Gerede⌋*
  nōs **taedet** vītae *wir sind des Lebens überdrüssig*
- Ähnlich (Person im Dativ):
  eī argentō (argentī) **opus fuit** *er/sie brauchte Geld*

▶ Passiv als unpersönlicher Ausdruck S. 94.

Einzelne Besonderheiten

- Einige wichtige Verben existieren nur in Formen des Perfektstamms:
  coepisse *begonnen haben* (dazu als Präsens: incipere *anfangen*)
  meminisse *sich erinnern* (dt. Präsens)
  als Plpf. memineram *ich erinnerte mich, es kam mir in Erinnerung*
  ōdisse *hassen* (dt. Präsens!)
  (Part. Nz. ōsūrus, -a, -um)
- In vergleichbarer Weise hat das Perfekt zu **nōscere** *kennenlernen, erfahren* häufig präsentische Bedeutung:
  nōvisse *kennen, wissen*
- Beachten Sie: **mementō, mementōte!** *denk(t) daran!*
  Den gleichen Imperativ bildet das Verb **scīre** *wissen, verstehen*:
  scītō, scītōte! *wisse, wisst!*
- Von folgenden Verben sind nur einzelne Formen gebräuchlich:
  āiō, āis, āit (Präs. + Pf.), **āiunt** *sagen, behaupten*
  inquit, inquam *sagt(e) XY, sag(t)e ich*
- Das Verb **(com)ĕdere** *essen* (nicht verwechseln mit ēdere *herausgeben*) verfügt über Kurzformen, die bis auf das lange ē mit Formen von esse (*sein*) gleich sind: **ēsse** (Inf.), **ēs**, **ēst**, **ēstis**, **ēs/ēste**, **ēssem** (**ēssēs** usw.), außerdem über einen Konjunktiv **edim** (**edīs** usw.).

DIE SCHALTZENTRALE DES SPRECHERS: DAS VERB

Die Verben sind es, die es uns erlauben, Beziehungen zwischen den Dingen und Sachverhalten der Außenwelt zu erfassen, sie zu beschreiben - ja nicht zuletzt: sie auch überhaupt erst herzustellen. So können wir Faktisches beschreiben - *der Fluss überflutete die Auenwälder* - oder Nichtexistentes fingieren, etwa *gestern begrüßten die grünen Marsmännchen vor dem Brandenburger Tor die Bundeskanzlerin.* Das Verb ist damit sozusagen der Fokus einer Äußerung und damit der Kern einer Information.

Aber das Verb trägt nicht nur eine Bedeutung in sich. An ihm haften - im Lateinischen besonders stark ausgeprägt - obligatorisch Informationen über eine Reihe elementarer Aspekte des beschriebenen Geschehens; während er sich äußert, wählt der Sprecher diese Elemente daher immer mit aus:

- Wird ein Zustand, ein Vorgang, eine Aktion beschrieben? Darüber gibt im Wesentlichen die *Bedeutung* des gewählten Verbs Auskunft.
- Wer ist der Träger, der Urheber, der Gegenstand der Verbhandlung? Diese Information trägt das *Personensignal* des Verbs. Durch dieses Signal ist das Verb eng mit dem Subjekt (1. oder 2. Person) oder Subjektswort (3. Person) verknüpft. Das Subjekt wählt der Sprecher/Autor gleichzeitig mit dem Verb, daher spielt es eine besondere Rolle im Satz.
- Orientierung des Hörers/Lesers über den zeitlichen Ablauf: das Verb mit seinen *Tempora* (‚Zeiten') ermöglicht es dem Sprecher/Autor, den Blick des Hörers zeitlich zu lenken und gibt die Signale „aktuell" oder „Erzählung".
- Einstellung des Sprechers/Autors zum Wirklichkeitsgehalt des Beschriebenen: dafür gibt der *Modus* des Verbs Anhaltspunkte.
- Aus wessen Perspektive stellt der Sprecher/Autor das Beschriebene dar? Das Verb gibt ihm mit den *Diathesen* (Aktiv, Passiv u. a.) hierzu ein Mittel an die Hand.

In der Regel sind es aber nicht die Merkmale des Verbs allein, die diese Informationen tragen: Weitere sprachliche Mittel wie z. B. Adverbien oder andere Angaben helfen in einem intensiven Zusammenspiel, die genauere Bedeutung der Verbaussage mit zu definiereren. Davon ist v. a. im Kapitel *Das Verb als Manager des Satzes* die Rede.

1. Die lateinischen Tempora

Zeitfelder und Zeitverhältnisse

Was immer Sie als Sprecher oder Autor äußern, es hat einen festen Bezugspunkt: den Ort und den Zeitpunkt, an dem Sie Ihre Äußerung vornehmen bzw. Ihren Text verfassen. Natürlich, und das ist für jede Art von Literatur bedeutsam, kann dieser Punkt auch fiktiv sein.

Doch ob real oder fiktiv, in jeder Äußerung, jedem Text wird zwangsläufig eine ‚Einstellung' des Zeitfeldes vorgenommen, in dem der Inhalt der Äußerung bzw. des Textes angesiedelt wird. Die *Zeitfelder*, in denen wir alles Geschehen unterbringen, sind Gegenwart, Vergangenheit und Zukunft. Der Bezugspunkt für die ‚Justierung' der Zeitfelder ist der genannte Sprechzeitpunkt.

Die Justierung ihrerseits erfolgt normalerweise über bestimmte Angaben im Text, z. B. *heute, vergangenes Jahr, als Romulus König war, nach der Besiedlung des Mars im Jahr 2090*; auch ein Buchtitel *kann* schon eine entsprechende Auskunft enthalten, etwa *Julian Apostata*.

Innerhalb eines Textes existieren dann wieder zeitliche Beziehungen der beschriebenen Ereignisse untereinander: Zu einem bestimmten Ereignis können andere gleichzeitig, vorzeitig oder nachzeitig sein. In dem Satz *Ich hoffe, dich morgen zu treffen* beispielsweise ist *treffen* nachzeitig zu *ich hoffe*. Diese Zeitverhältnisse - *Gleichzeitigkeit* (GZ), *Vorzeitigkeit* (VZ) und *Nachzeitigkeit* (NZ) - kommen bei der Abfassung eines Textes ebenfalls u. a. in den Tempora sprachlich zum Ausdruck.

Ein weiteres grundlegendes Unterscheidungsmerkmal in Äußerungen bzw. Texten liegt in der Sprechhaltung, d. h. darin, ob der Inhalt *aktuell darlegend* oder *erzählend* (*‚narrativ'*) ist; beide Haltungen können in einem Text auch ineinander übergehen; vergleichen Sie mal:

> „Die deutsche Sprache ist ihrer normierten Aussprache nach ein junges Gebilde. Sie wurde vor nicht einmal einhundert Jahren 1898 von Theodor Siebs in der Bühnenaussprache festgelegt. Bestrebungen, das Neuhochdeutsche als eine einheitliche Schriftsprache festzulegen, gibt es jedoch schon seit der Mitte des 18. Jahrhunderts. Geographische Unterscheidungen aber hat es immer gegeben und wird es immer geben" (aus: H. Genzmer, *Sprache in Bewegung*).

> „Während sich Eos, die Göttin der Morgenröte, aus ihrem Bett von der Seite des stolzen Tithonos erhob, um Göttern und Menschen das Licht zu bringen, setzten sich die Götter zu einer Versammlung nieder, in ihrer Mitte auch Zeus. Denen zählte Athene die zahlreichen

Nöte des Odysseus auf: ‚Keiner denkt an den göttlichen Odysseus! Er liegt auf einer Insel und erleidet gewaltige Qualen im Palast der Nymphe Kirke'"... (nach Homer, *Odyssee*).

Je nach seiner Darstellungsabsicht und zeitlicher Justierung wählt der Sprecher/Autor ein ‚dominierendes' Tempus, entweder für den ganzen Text oder für einen begrenzten Abschnitt (Genzmer: Präsens; Homer: Präteritum, in der Rede Präsens). Welches Tempus als dominierend gewählt wurde, ist ein entscheidendes Merkmal sowohl für den Textcharakter (Textsorte) wie den Textablauf, aber auch für die Bedeutung der jeweiligen Tempora und damit für deren Wiedergabe ins Deutsche.

Maßgeblich bei der Wiedergabe der Tempora ist dann logischerweise in allen Fällen grundsätzlich der deutsche Sprachgebrauch.

Infinitive, Partizipien und Konjunktive bezeichnen keine Zeitfelder (Gegenwart, Vergangenheit, Zukunft), sondern nur das zeitliche Verhältnis Gleichzeitigkeit (GZ), Vorzeitigkeit (VZ) und Nachzeitigkeit (NZ) zur übergeordneteten Handlung; vgl. dort.

Das Präsens – ein Tempus für fast alles

Kennzeichen: Das Präsens ist das Tempus *ohne* besonderes Kennzeichen. Die Personensignale treten zum Teil in Verbindung mit den Bildevokalen i und u bei allen Konjugationsgruppen direkt an den Präsensstamm des Verbs.

Das lateinische Präsens entspricht in der Verwendung dem deutschen; es dient zur Beschreibung von a) Aktuellem, b) Allgemeinem, Zeitlosem, aber c) auch von Vergangenem und kann daher zumeist sprachgleich übersetzt werden. Im Fall c kann man sich nach eigener Wahl prinzipiell auch anders entscheiden:

Quid egō **videō**? Pūblius cum amīcā exit forās?	*Was sehe ich? Publius geht mit seiner Freundin nach draußen?*
Inter terram caelumque eōdem spīritū **pendent** septem sīdera, quae vocāmus „errantia".	*Zwischen Himmel und Erde hängen in derselben Luftschicht sieben Gestirne, die wir „Umherirrende" (d. h. Planeten) nennen.*
Aut prōdesse **volunt** aut dēlectāre poētae.	*Nützen oder erfreuen, das wollen die Dichter.*

Vĕnit (*Präsens*) māgnīs itineribus in Nerviōrum fīnes. Ibi ex captīvōs **cōgnōscit**, quae apud Cicerōnem gerantur …	*Er (Cäsar)* **gelangte** (Präteritum) *in Eilmärschen in das Gebiet der Nervier. Dort* **erfuhr** *er von Gefangenen, was bei Cicero vor sich ging …*

Am zweiten Beispiel ist zu sehen, dass ‚zeitlose' Aussagen auch zeitgebunden sein können.

Steht in einem erzählenden Text allerdings das Präsens in Opposition zu einem Vergangenheitstempus, gewinnt es ‚dramatischen' Charakter (sog. dramatisches Präsens):

Sīc ait (Dīdō). Illa gradum studiō celerābat anīlem. At Dīdō - pallida morte futūrā - interiōra domūs **inrumpit** līmina ēnsemque **reclūdit**.	*So sprach sie (Dido). Jene (die Amme) beschleunigte geflissentlich den greisenhaften Schritt. Dido jedoch - bleich in Erwartung des Todes - stürzt in das Innere des Palastes und zieht das Schwert.*

Eine Besonderheit des lateinischen *Briefstils* liegt darin, dass zum Abfassen des Briefes zeitgleiche Vorgänge vom Verfasser meist in die Vergangenheit gesetzt, also sozusagen vorwegnehmend aus der Perspektive des späteren Empfangs gesehen werden:

Proficīscēbar inde, cum hās ad tē litterās **dedī**.	*Ich bin gerade im Aufbruch von hier, während ich dir diesen Brief schreibe.*

Das Futur - Erwartung und Vorausschau

Kennzeichen: Das Futur wird vom Präsensstamm gebildet. In der a- und e-Konjugation trägt es die Merkmale **b-bi-bu**, in den übrigen zeigt es ein **e** (alle außer 1. Person) bzw. **a** (1. P. Sg.) vor den Personensignalen.

Das Futur wird im Lateinischen recht konsequent verwendet, um Zukünftiges bzw. Erwartetes zu beschreiben. Es tritt daher viel häufiger als im Deutschen auf, wo bei klarem Kontext üblicherweise das Präsens steht und das Futur eher zur Pointierung gesetzt wird. Es ist eigentlich weniger ein Tempus als ein Modus, weswegen es auch keinen zugehörigen Konjunktiv gibt (▶ Tabellen zum Verb). Die Nähe zum Modalen wird besonders an der 1. Person deutlich, wo das Futur stets zur Bedeutung *wollen* tendiert:

Crās Rōmam **proficīscēmur**.	*Morgen brechen wir nach Rom auf (werden/wollen wir aufbrechen).*

Auch im Folgenden geht die im Futur formulierte Aussage in den Bereich der Absicht über:

Quō ūsque tandem **abūtēre**, Catilīna, patientiā nostrā? Quam diū etiam furor iste tuus nōs **ēlūdet**? Quem ad fīnem sēsē effrēnāta **iactābit** audacia?	*Bis wohin noch wirst/willst du, Catilina, unsere Geduld missbrauchen? Wie lange noch soll dein Wüten uns verhöhnen? Wieweit soll deine zügellose Frechheit noch ausgreifen?*

Bei Prophezeiungen lässt sich natürlich von Aussagen über Zukünftiges sprechen, jedenfalls aus antiker Sicht, wenn Götter reden – und das noch *post eventum*:

Aliī vīvōs **dūcent** dē marmore vultūs, **ōrābunt** causās melius caelīque meātūs **dēscrībent**: tū, Rōmāne, populōs **regēs** imperiō.	*Andere* (gemeint: die Griechen) *werden lebendige Gesichter aus Marmor herausarbeiten, werden besser Gerichtsreden halten und die Sternbahnen des Himmels beschreiben: Du, Römer, wirst die Völker unter deiner Herrschaft regieren.*

Im Futur kann wie im Deutschen auch eine Aufforderung formuliert werden:

Sī igitur illum convēneris, **scrībēs** ad mē.	*Wenn du ihn also getroffen hast, schreibe mir.*

Zur Beschreibung eines erwarteten Ereignisses, oft als unmittelbar bevorstehend gedacht, dienen auch Wendungen mit dem Partizip der Nachzeitigkeit Aktiv (PNA) mit einer Form von **esse**:

Factūrusne operae pretium **sim**, nec satis sciō [nec ...].	*Ob ich im Begriff bin, etwas Lohnendes zu tun, weiß ich nicht genau ...*
Ille **abductūrus est** operās crās.	*Morgen wird er die Arbeiter abholen.*

Die Zwillinge Perfekt und Imperfekt – Rückschau in die Vergangenheit

Kennzeichen des Perfekts Aktiv: eigener Perfektstamm mit sieben Bildeweisen und zum Teil lautlichen Abwandlungen gegenüber dem Präsensstamm; eigene Personensignale (▶ S. 33, 43).

Perfekt Passiv: gebildet mit dem Partizip der Vorzeitigkeit Passiv und Formen von **esse** (▶ S. 45, 50).

Imperfekt: Gebildet vom Präsensstamm mit den Tempussignalen **-ba-** oder **-ēba-** vor den Personensignalen.

In der Beschreibung des Zeitfeldes Vergangenheit gehen das Lateinische und das Deutsche jeweils eigene Wege:

Perfekt bzw. *Imperfekt* im Lateinischen sind *nicht* das Gleiche wie das deutsche *Präteritum* bzw. *Perfekt.*

- Das lateinische Perfekt und Imperfekt treten im Text in der Regel zusammen auf.
- Ihre Gemeinsamkeit besteht darin, dass die in Perfekt oder Imperfekt beschriebene Handlung „vergangen" ist, besser: *vor* dem (realen oder fiktiven) Sprechzeitpunkt liegt. Ihre Aufgaben bei der Erfassung von Vergangenem sind hingegen stark verschieden.
- Vorgänge im Imperfekt können einander überschneiden, da sie durch dieses Tempus jeweils als *nicht abgeschlossen* gekennzeichnet sind, solche im Perfekt dagegen nicht; diese gelten jeweils als abgeschlossen.
- Dem lateinischen Perfekt entsprechen im Deutschen *zwei* Tempora, das Präteritum und das deutsche Perfekt.
- Ein Imperfekt im Sinne des Lateinischen gibt es im Deutschen nicht. Es wird zumeist mit dem deutschen Präteritum wiedergegeben, aber in manchen Fällen ist auch das deutsche Perfekt möglich; manchmal sind Umschreibungen sinnvoll.

Die Erzählung

- Als Tempus für Erzählungen dient (wie im Deutschen) sehr häufig das Präsens.
- Perfekt und Imperfekt bezeichnen in der Erzählung das gleiche Zeitfeld: Vergangenheit. Dominiert in Texten dieser Art das Perfekt gegenüber den anderen Tempora, beschreibt es nach dem einleitend Gesagten die einzelnen Erzählschritte/Stufen einer Handlung, die den *Vordergrund* der Erzählung bilden. Es beantwortet die Frage: *„Was geschah dann?"* Fast in einer Art dramatischen „Miniromans" macht das der bekannte Ausspruch Cäsars sinnfällig, in dem er den Sieg über seine innenpolitischen Kontrahenten in drei „Etappen" gliedert:

  Vēnī, — *Ich kam,*
  vīdī, — *sah,*
  vīcī. — *siegte.*

- Das Imperfekt dagegen beschreibt den *Hintergrund*, die Kulissen, die Voraussetzungen eines Geschehens, also die Begebenheiten, die außerhalb des Einsetzens oder Fortgangs der Hauptereignisse liegen. Es löst die Erwartung aus, dass etwas passiert (im Beispiel zunächst Imperfekt, dann Perfekt):

[Vor der Erschaffung der Welt] Nūllī sua fōrma **manēbat**, **obstābat**que aliīs aliud, quia in ūnō corpore frīgida **pūgnābant** calidīs, …	*Nichts hatte eine beständige Form, das Eine behinderte das Andere, weil in einem Körper Kaltes mit Warmem kämpfte, …*
[Dann] Hanc lītem deus et melior nātūra **dirēmit**. Nam caelo terrās et terrīs undās **abscidit** et …	*Diesen Streit schlichtete ein Gott und eine bessere Naturordnung. Denn vom Himmel trennte er die Landmassen und vom Lande die Wogen und …*

- Wird ein Textabschnitt vom Imperfekt dominiert, handelt es sich um eine Schilderung vergangener Verhältnisse (wie im Beispiel eben am Anfang).
- Das Standarddeutsche verwendet das Präteritum zur Wiedergabe des lateinischen Perfekts zumeist auch dann, wenn es in der Textsorte ‚Erzählung' die Ich-/Wir-Rolle wiedergibt:

Domum **revertimus** **resēdimus**que in hortō. Sōl lūcem modicam mittēbat.	*Wir kehrten nach Hause zurück und setzten uns in den Garten. Die Sonne sandte ein schwaches Licht.*

Eine im Imperfekt ausgedrückte Aktion kann sich durch den Kontext als nicht abgeschlossen erweisen, auf diese Weise kann also ein *Versuch* bezeichnet werden:

Gāius **abībat**, tum Fulvia eum revocāvit.	*Gaius wollte gehen, da rief Fulvia ihn zurück.*

Außerhalb dieser Grundregeln wird von **esse** (*sein*) sowie **dīcere** (*sagen, sprechen*) und ähnlichen Verben auch das Imperfekt (**eram** bzw. **dīcēbam**) gebraucht, wo man das Perfekt (**fuī** bzw. **dīxī**) erwarten würde:

Nōn tibi **dīcēbam** „ī" modo? – Quidnam **revocābās**?	*Habe ich dir nicht gerade gesagt „Geh!"? – Warum hast du mich dann zurückgerufen?*

Aktuelles Sprechen - Vergangenheit gegenwärtig

In Texten, in denen das Präsens das dominierende Tempus ist, bezeichnet das lateinische Perfekt Begebenheiten der Vergangenheit, die einen inneren Bezug zum aktuellen Sprechzeitpunkt haben. Typische Textsorten dafür sind Dialoge oder Reden, also aktuelle, situationsbestimmte Äußerungen. Wird das Perfekt von einem Sprecher (*ich/wir*) in einem Dialog gebraucht und handelt es sich dabei *nicht* um eine Erzählung im obigen Sinn, wird im Deutschen zumeist das Perfekt verwendet. Das Geschehen selbst kann dabei ohne weiteres zeitlich zurückliegen:

Heus, Tite! Camēlopardalēs herī **vīdimus**!	*Hallo, Titus! Wir haben gestern Giraffen gesehen!*
(Cicero hält Catilina staatsfeindliche Umtriebe vor:) Nihilne, Catilīna, urbis vigiliae, nihil timor populī, nihil concursus bonōrum omnium **movērunt**?	*Haben dich, Catilina, die Wachen in der Stadt, die Angst der Bevölkerung, das Zusammenströmen aller Patrioten überhaupt nicht beeindruckt? (Beeindrucken dich … nicht?)*

In manchen Fällen gibt das Perfekt das *Resultat* einer Handlung wieder. Im Deutschen steht das Perfekt auch dann, wenn nicht ein Sprecher oder Angesprochener Subjekt sind; aber auch das Präsens kann angebracht sein:

A: **Periimus**! Pater **adest**. - B: Quid ego ex tē **audiō**? - A: **Absūmptī sumus**! Pater, inquam, tuus **vēnit**!	*A: Wir sind verloren! Der Vater ist da. - B: Was höre ich von dir? - A: Wir sind verratzt! Dein Vater, sag ich, ist gekommen!*
Convīvae **advēnērunt**.	*Die Gäste sind da („angekommen").* [Also kann das Fest *jetzt* beginnen.]

Als Variante dieses Gebrauchs *konstatiert* das Perfekt ein vergangenes Ereignis, aus dem sich je nach Sachlage auch Folgen für die Gegenwart ergeben:

Ubī **sunt**, quī ante nōs in mundō **fuēre**? Ubī **sunt**? **Fuēre**!	*Wo sind die, die vor uns auf der Welt waren? Wo sind sie? Gewesen sind sie!*
(Vertragstext) L. Pānsa **ēmit** mancipiōque accēpit puerum Aplaustrum…	*L. Pansa hat den Sklaven Aplaustrus gekauft und zum Eigentum erhalten.*

Perfekt als Präsens

Bei einigen Verben liegt von der Bedeutung her im Perfekt praktisch kein Unterschied zum Präsens vor, sodass sie entsprechend übersetzt werden (analog Plusquamperfekt und Präteritum):

cōnsuēvī (Pf. von cōnsuēscere)	*ich bin gewohnt*	*„habe mich gewöhnt"*
cōnsuēveram (Plpf.)	*ich war gewohnt*	*„hatte mich gewöhnt"*
cōnstitī (Pf. von cōnsistere)	*ich stehe*	*„ich trat hin"*

▶ S. 62 meminī, ōdī

Zum Perfekt als bezogenes Tempus ▶ nächster Abschnitt.

Bezogene Tempora

Das Lateinische bezeichnet relativ genau, jedenfalls weit stärker als das Deutsche, die zeitlichen Verhältnisse zwischen zwei Begebenheiten (▶ S. 64). ‚Bezogene Tempora' sind solche, die zeitlich in direkter Beziehung zu einer anderen Aussage stehen.

Das Perfekt

Das Perfekt bezeichnet Vorgänge, die in einem Vorzeitigkeitsverhältnis zu einem Präsens stehen (s. o.). Steht es dabei in einem Nebensatz, müssen Sie die deutschen Tempusregeln beachten:

Cum rūs **vēnī**, ōtiō fruor.	*Wenn ich aufs Land komme, genieße ich meine Ruhe.*
Quae Plīnius **audīvit** dē Christiānīs, imperātōrī **dēfert**.	*Was Plinius über die Christen in Erfahrung bringt, legt er dem Kaiser vor. (Oder ggf.:) Was P. … brachte, legte er … vor.*

Das Perfektfutur (Futur II)

Dieses Tempus wird in manchen Grammatiken auch Futur II genannt.

Kennzeichen: Im Aktiv Perfektstamm mit einheitlichem Tempussignal **-er-/-eri-** vor den Personensignalen, im Passiv Partizip der Vorzeitigkeit Passiv und Formen von **esse** (**erō** usw.).

Im Perfektfutur stehen die Handlungen, die *vor* einer künftigen spielen, also zu ihr *vorzeitig* sind. Im Deutschen wird hier regelmäßig das Präsens oder Perfekt benutzt:

Ubī **advēneris**, balneum tibi parābitur.	*Sobald du **angekommen bist**, wird dir ein Bad bereitet.*

Gelegentlich wird das Perfektfutur auch ohne Unterschied zum Futur gebraucht:

Ego hinc **abscesserō** abs te.	*Ich hau erst mal von hier ab, weg von dir.*

Im Deutschen dient das Perfektfutur in der Regel zum Ausdruck einer Vermutung: *Du wirst gut angekommen sein* ≈ *Ich nehme an, du bist gut angekommen.*

Das Plusquamperfekt

Kennzeichen: Im Aktiv Perfektstamm mit einheitlichem Tempussignal **-era-** vor den Personensignalen, also gebildet wie aus Perfektstamm plus **eram** usw., dem Imperfekt von esse; im Passiv besteht es aus dem Partizip der Vorzeitigkeit Passiv und dem Imperfekt von **esse** (**eram** usw.).

Das Plusquamperfekt ist weitestgehend sprachgleich mit dem deutschen Plusquamperfekt. Es bezeichnet eine Handlung im Zeitfeld Vergangenheit, die *vor* einer anderen vergangenen Handlung stattfand. Dem Sprecher/Autor dient es im Text dazu, sozusagen eine Information nachzureichen. Das Plusquamperfekt ist dabei auf eine Äußerung im Perfekt *oder* Imperfekt bezogen:

Tum Gāius Fulviam visitāvit. Iam diū hunc diem **exspectāverat**.	*Dann besuchte Gaius Fulvia. Schon lange hatte er diesen Tag erwartet.*

Beachten Sie aber: Das lateinische Plusquamperfekt im Nebensatz wird im Deutschen (bei eindeutigem Kontext) sehr oft mit dem Präteritum ausgedrückt. Das Lateinische ist hier „pedantischer" mit der Bezeichnung der Vorzeitigkeit als das Deutsche.

Quī Olympiae **vīcerat**, olīvā corōnābātur.	*Wer in Olympia siegte, wurde mit einem Olivenzweig bekränzt.*

Auch bei Präsens als Erzähltempus ist zur Bezeichnung von Vorzeitigkeit mit dem Plusquamperfekt zu rechnen:

Deinde, ut obtinentēs locum virēs **refēcerant**, audent ultrō gradum īnferre.	*Als die, die den Ort besetzt hielten, ihre Kräfte wiederhergestellt hatten, wagen sie daraufhin, weiter vorzurücken.*

Spezialitäten

Beschreibender (‚dramatischer') Infinitiv

„Ich meine Sachen schnappen, aufs Fahrrad springen, losrasen war Sache eines Augenblicks." In dieser deutschen Äußerung ist ein Subjekt (*ich*) mit Infinitiven verbunden, die als Prädikat dienen; bei dieser Ausdrucksweise erscheint das Beschriebene wie im Zeitraffer.

Ähnliches - ein Subjekt mit einem Infinitiv - kommt auch im Lateinischen mit ähnlicher Wirkung als Stilmittel zur Variation in der Erzählung vor:

Verrēs ūnumquodque vās in manūs **sūmere, laudāre, mīrārī**.	*Verres nahm jedes Gefäß einzeln in die Hand, lobte und bestaunte es.*

Ein solcher ‚beschreibender' (auch: ‚dramatischer') Infinitiv kann anstelle eines Perfekts oder Imperfekts begegnen.

2. Ja oder nein, vielleicht oder hoffentlich: Indikativ und Konjunktiv (Modi)

Zu den Modi (‚Redeweisen') zählt man die Verbformen Indikativ, Konjunktiv und Imperativ. Außer diesen Formen können auch Adverbien zur Kennzeichnung eines Aussagemodus (der ‚Modalität') dienen, z. B. *hoffentlich* + Indikativ.

Mit den Modi gibt ein Sprecher/Autor an, wie sich das Beschriebene in seinen Augen zur Wirklichkeit verhält oder wie er das Beschriebene verstanden wissen will: Er stellt die Aussage als *Tatsache, Wunsch, Aufforderung, Möglichkeit, Nicht-Tatsache* u. a. hin. Die gleiche Aufgabe erfüllen viele Adverbien wie z. B. *vielleicht, möglicherweise, hoffentlich* u. a. Die Modi drücken also eine Intention des Sprechers, eine *Redeabsicht* aus. Der Sprecher *will*, dass sein Hörer ihn entsprechend seiner Absicht versteht - gelogen wird daher im Indikativ.

In der Verwendung des Indikativs und Imperativs sind das Lateinische und das Deutsche praktisch sprachgleich.

Typisch lateinisch: Der Konjunktiv spielt eine weit größere Rolle als im Deutschen; es gibt teils gemeinsame, teils stark unterschiedliche Verwendungsweisen. Besonders häufig wird er dort verwendet, wo das Deutsche den Indikativ benutzt. Wichtig für die Bedeutung des Konjunktivs ist, ob er im selbständigen oder im abhängigen Satz auftritt.

Man nehme ... – Der Konjunktiv im selbständigen Satz

Im selbständigen Satz (‚Hauptsatz') hat der Konjunktiv über die Signalisierung einer bestimmten Redeabsicht hinaus weitgehend auch zeitliche Bedeutung. Eine Einschränkung gilt für den Konjunktiv VZ I, dessen Auftreten in manchen Fällen ohne „tiefere Bedeutung" einfach nur sprachüblich ist.

Wille, Wunsch und Möglichkeit – der Konjunktiv I

Formen: ▶ S. 33 ff.; 50 ff.

Damit man sich differenziert über die „Dinge in der Welt und im Kopf" äußern kann, reicht es nicht aus, mithilfe der Werte ‚Positiv' und ‚Negativ' zu kommunizieren. Mit dem Konjunktiv existiert *eine* Möglichkeit, „Zwischenbereiche" auszudrücken oder – besonders wichtig – im Sinne überlegter Partnertaktik Aussagen etwa im Extremfall auch zu „verklausulieren". Eine weitere Möglichkeit bilden differenzierende oder nuancierende Adverbien (und Verwandtes), sogenannte *Indikatoren*. Beide Möglichkeiten ergänzen einander.

Der lat. Konjunktiv GZ I im selbständigen Satz bezeichnet *Wollen* bzw. *Wunsch* und *Möglichkeit* (im Fragesatz: *Überlegung*). Der konkrete Sinn ergibt sich immer aus dem weiteren Kontext, der Satzart und nicht zuletzt der Bedeutung des Verbs.

Im Deutschen ist in verschiedenen Fällen auch der Konjunktiv I in Gebrauch, in der Mehrzahl verwendet es Indikatoren oder Umschreibungen wie *„sollen, mögen, hoffentlich, vielleicht, nicht dürfen"* usw.

Wollen oder sollen?

Wollen oder Sollen ist eine Frage der Perspektive, letztlich geht es darum, dass Einer soll – man selber oder jemand anders:

Proficīscāmur!	*Lasst uns/Wir wollen aufbrechen!*
Taceātis!	*Ihr sollt schweigen! Schweigt, bitte!*
Gaius **intret**!	*Gaius soll eintreten/trete ein!*
Ēloquar an **sileam**?	*Soll ich reden oder schweigen?*
Quem auxiliō **vocēmus**?	*Wen sollen wir zu Hilfe rufen?*
Videant cōnsulēs, nē quid dētrimentī capiat rēs pūblica.	*Die Konsuln sollen/mögen zusehen, dass der Staat keinen Schaden nimmt!*

Wenn jemand *nicht soll*, gebraucht das Lateinische die Negation **nē** statt **nōn**:

Nē serius **veniātis** (quaesō)!	*Kommt nicht zu spät (bitte)!*
Ī, sequere illōs, **nē morēre**!	*Geh, folge ihnen, trödle nicht!*

Beachten Sie: Geht das Nicht-Sollen mehr in Richtung Verbot oder strengere Vorschrift, ist der Konjunktiv der Vorzeitigkeit II üblich, *ohne* dass eine zeitlicher Bezug zur Vergangenheit vorliegt; man kann nur sagen, dass diese Ausdrucksweise einfach üblich ist:

Nē vōs quidem, iūdicēs, mortem **timueritis**!	*Ihr dürft, meine Herren Richter, nicht einmal den Tod fürchten!*

Eine negative Aufforderung lässt sich auch mit dem Imperativ von **nōlle** formulieren:

Nōlī/Nōlīte mē tangere!	*Fass/Fasst mich bitte nicht an!*

In all diesen Fällen betrachtet der Sprecher den Wunsch bzw. die Aufforderung als *kontrollierbar*, d. h. er meint, das Geforderte könne eintreten. Ist das Geforderte *unkontrollierbar*, d. h. (auch subjektiv) außerhalb der Macht des Sprechers, geht die Äußerung in einen Wunsch, eine Hoffnung über:

Wünschen und hoffen

Dī rēs bene **vertant**!	*Die Götter mögen die Dinge zum Guten wenden!*
Valeant cīvēs meī! **Sint** florentēs, **sint** beātī!	*Hoffentlich geht es meinen Mitbürgern gut! Erfolgreich mögen sie sein und glücklich!*

Auch dass sich ein Wunsch auf die Vergangenheit richtet, ist möglich (Konjunktiv VZ I):

Utinam vērē **augurāverim**!	*Hoffentlich habe ich richtig prophezeit!*

Ja oder nein? Oder eher vielleicht?

Eine mit Blick auf das Deutsche vielleicht noch mehr gewöhnungsbedürftige Verwendung des Konjunktivs GZ und VZ I liegt darin, dass damit ein Geschehen als *möglich* bezeichnet werden kann. Während der Sprecher bei Gedankenspielen im Konjunktiv II den Inhalt des Gesagten faktisch *ausschließt*, hält er ihn mit dem Konjunktiv I für möglich, für *offen*. Im Kern ist dies nichts anderes, als „vielleicht" zu sagen, und daher wird der Konjunktiv I in diesen Fällen recht oft - aber eben nicht immer - von Indikatoren wie **fortasse** (*vielleicht*) begleitet.

Im Deutschen steht für Äußerungen dieser Art der Indikativ, begleitet durch Adverbien wie *vielleicht, möglicherweise*, oder man verwendet Umschreibungen wie *könnte, kann, möglich wäre es, dass* oder ähnliche.

Vix vērisimile **fortasse videātur**.	*Das scheint vielleicht kaum wahrscheinlich.*
Quis hoc nōn **fateātur**?	*Wer dürfte das nicht zugeben?*

Vorwiegend muss man mit dem Konjunktiv VZ I in selbständigen Sätzen rechnen; er hat dort *keinen* Vergangenheitsbezug. Vielmehr kommt darin eine Bescheidenheit des Sprechers, ein Zurücknehmen seiner Person zum Ausdruck wie etwa in deutschen Wendungen „*dazu würde ich gern sagen, dazu hätte ich gemeint*":

Dīxerit/Dīcat aliquis tē hāc in rē errāre.	*Jemand könnte (möchte, würde) vielleicht sagen, dass du dich in der Sache irrst.*
Illud haud **crēdiderim**.	*Das glaube ich eigentlich nicht.*

In bestimmten Kontexten gewinnen konjunktivische Sätze dieser Art ‚einräumenden' Charakter (*mag ... auch*); als Indikator findet sich hier häufig **licet** (*es mag sein, dass*) oder **ut** (eigtl. „*wie*"):

Omnia **possideat**, nōn possidet āëra Mīnōs (sagt Dädalus).	*Vielleicht besitzt er alles, nicht aber besitzt Minos die Luft.*

Fremant omnēs **licet**: dīcam, quod sentiō.	*Mögen alle murren: ich werde sagen, was ich denke.*
Ut dēsint virēs, tamen est laudanda voluntās.	*Es mögen auch die Kräfte fehlen, trotzdem ist der Wille zu loben.*

Im folgenden Beispiel steht ein Konjunktiv dieser Art im Relativsatz:

Amor habet gemināś, quibus **āvolet**, ālās.	*Amor hat ein Paar Flügel, mit dem er fortfliegen kann.*

Dieser Konjunktiv findet sich oft auch in Wenn-Satz-Verbindungen (▶ S. 78).

Gedankenspiele - der Konjunktiv II

Formen: ▶ S. 35; 54.

Der lateinische Konjunktiv GZ II bzw. VZ II drückt im Hauptsatz *sprachgleich* mit dem Deutschen Konjunktiv II (*ich ginge, würde gehen; wäre gegangen, hätte gearbeitet*) ein Gedankenspiel, eine *Hypothese* aus (in vielen Grammatiken wird dieser Konjunktiv als *Irrealis* bezeichnet). Der Konjunktiv GZ II bezeichnet eine gleichzeitig zum Sprechakt erfolgende oder gedachte Handlung, der Konjunktiv VZ II eine vorzeitig zum Sprechzeitpunkt. Mit dem Gebrauch dieses Konjunktivs gibt der Sprecher zu verstehen, dass er eine Alternative zum Gesagten ausschließt.

Häufig findet sich eine solche Aussage über etwas, das *nicht ist*, auch in der Form eines *Wunsches*. Das Signalwort für diese Art Wünsche ist **utinam** (*o wenn doch!*). In der Regel wird damit jedoch eigentlich ein Bedauern o.ä. ausgedrückt.

Mendācī hominī nē vēra quidem dīcentī **crēderēs**.	*Einem Lügner würde man („würdest du") nicht einmal glauben, wenn er die Wahrheit sagt.*
Tē rogō! Alius enim fortasse minus prūdenter **respondēret**.	*Dich frage ich! Ein anderer würde nämlich vielleicht weniger überlegt antworten.*
Utinam **tacērēs**!	*Wenn du doch schwiegest (still wärst)!* [... aber leider tust du es nicht]

Utinam **tacuissēs**!	*Wenn du doch* **geschwiegen hättest** *(still gewesen wärst)!* [... aber leider ...]
Utinam minus vītae cupidī **fuissēmus**! Certē nihil aut nōn multum in vītā malī **vīdissēmus**.	*Wären wir doch weniger lebenshungrig gewesen! Sicher hätten wir dann nichts oder nicht viel Übles im Leben gesehen.*

Dieser Konjunktiv findet sich oft auch in Wenn-Satz-Verbindungen (▶ S. 78).

Das im Konjunktiv GZ II ausgedrückte Gedankenspiel kann sich auch auf die Vergangenheit beziehen; im Verb findet dann sozusagen eine Vergegenwärtigung des Vergangenen statt:

(Berichtet wird vom Ausbruch des Vesuvs:) **Audīrēs** ululātūs fēminārum, īnfantum quirītātūs, clāmōres virōrum!	*Du meintest (man meinte), das Geheule der Frauen, das Gekreische der Kinder, das Gebrüll der Männer hören zu können!*

Nicht ausgesprochen wird hier : „... aber faktisch hat man es nicht".

Ebenfalls als Gedankenspiel möglich sind nachträgliche Fragen zu einer vergangenen Situation; auch hier liegt eine *Vergegenwärtigung* des Vergangenen vor:

Quid **facerēmus**?	*Was hätten wir tun sollen?* (... meinst du *jetzt*/ soll ich *jetzt* denken?)

Einen anderen Akzent gegenüber dem Deutschen setzt das Lateinische, wenn „beinahe" etwas passiert wäre oder das Verb schon ein „an sich" ausdrückt; dann reicht der Indikativ aus:

Paene **cecidī**!	*Beinahe wäre ich gefallen!*
Multa dīcere possum, sed **longum est**.	*Ich könnte vieles sagen, aber das führte zu weit.*

Wenn das Wörtchen wenn ...

Im Deutschen sind Ihnen zwei Typen von Wenn-Satz-Verbindungen vertraut:

1. *Wenn du mich wirklich liebst, ...*	– das setze ich voraus –	*... gehst du jetzt mit mir Pizza essen.*
2. *Wenn du mich wirklich liebtest, ...*	a) – aber das tust du ja nicht – b) – vielleicht tust du es ja doch –	*... gingest du jetzt mit mir Pizza essen.*

Der erste Typ ist im Indikativ gehalten, der zweite im Konjunktiv II. Wie Sie sehen, kann der zweite Typ - unausgesprochen - seinerseits zweierlei bedeuten (das Gleiche gilt auch für die Vergangenheit *geliebt hättest - wärst du gegangen*).

Während der erste Typ im Lateinischen ebenfalls im Indikativ steht, wird der zweite Typ durch verschiedene Konjunktive unterschieden: bei a) wird der Konjunktiv GZ II bzw. VZ II, bei b) der Konjunktiv GZ I (auch VZ I)verwendet. Wie bei der Verwendung im selbständigen Satz (▶ S. 77) betont der Sprecher im Fall a), dass er das Gegenteil des Gesagten annimmt, im Fall b), dass er das Gesagte in puncto Ja oder Nein für unentschieden (möglich) hält.

Die *Bedingung* (*wenn, falls*) wird im Lateinischen eingeleitet mit:

sī *wenn*	**nisī (nī)** *wenn nicht*
quodsī *wenn aber, wenn nämlich*	**sīn** *wenn aber*
quasī / tamquam *als ob, wie wenn*	

Sī hoc **dīcis**, mentīris.	*Wenn du das sagst, lügst du.*
Āctum erit dē tē, **nisī providēbis**.	*Es wird mit dir aus sein, wenn du nicht vorsorgst.*
Sī tacuissēs, philosophus **mānsissēs**.	*Hättest du geschwiegen, wärst du Philosoph geblieben (hättest du den Mund gehalten, hättest du dich nicht blamiert).*
Aedēs tōtae cōnfulgēbant tuae, **quasī essent** aureae.	*Dein ganzes Haus erstrahlte, als ob es aus Gold wäre.*
Sī quid scrīptum **sit** obscūrē, dē rē dubitēs.	*Falls etwas unverständlich geschrieben ist (sein sollte), kann man wohl auch am Inhalt zweifeln.*

Sī gladium quis apud tē sānā mente **dēposuerit**, **repetat** īnsaniēns, reddere **peccātum sit**.	(Nimm folgenden Fall an, der denkbar ist:) *Wenn jemand bei dir klaren Verstandes ein Schwert deponiert haben und es in geistiger Umnachtung zurückverlangen sollte, wäre die Rückgabe vermutlich ein Vergehen.*

- Beachten Sie: Welche Ausdrucksweise (welcher Konjunktiv) angewandt wird, bestimmt der Sprecher je nach seiner Redeabsicht; so kommen denn auch Mischformen vor:

Sī diūtius hāc in urbe manēre velim,	*Wenn ich länger in dieser Stadt bleiben wollte,*
– was ja möglich ist, aber …	… dann schließe ich aus –
in hāc quidem domō nōn manērem.	*in diesem Hause würde ich nicht bleiben.*

- In manchen deutschen *Wenn*-Sätzen liegt keine echte Bedingung vor; in solchen Fällen findet sich im Lateinischen die Konjunktion **quod** *was das anbetrifft, dass*:

Quod scrībis tē hūc ventūram, **sī** velim: tē istīc esse volō.	*Wenn du schreibst, dass du hierher kommst, falls ich das möchte: Ich will, dass du dort bleibst.*

Bedeutung oder nur Gewohnheit – Der Konjunktiv in abhängigen Sätzen

Am häufigsten findet sich der lateinische Konjunktiv im abhängigen Satz. Fast kann man ihn als „Marke" für eine Reihe abhängiger Sätze bezeichnen. Verstehensprobleme sollten nicht auftreten: In den meisten Fällen bedeutet der lateinische Konjunktiv im abhängigen Satz für uns nichts. (Die hauptsächliche Ausnahme wurde oben im Kapitel zu den Wenn-Satz-Verbindungen beschrieben, wo der Sprachgebrauch gleich ist.) Trotzdem wollen wir uns ansehen, wo mit dem Konjunktiv zu rechnen und wo er ggf. „ernstzunehmen" ist.

- Allgemein lässt sich sagen: Der Konjunktiv im abhängigen Satz kann einerseits die gedankliche Verbindung, die zum übergeordneten Satz besteht, hervorheben, andererseits nur aus dem Grund stehen, weil es bei entsprechenden Ausdrücken grammatische Vorschrift ist. Die Art der gedanklichen Verbindung ergibt sich allein aus dem Kontext.

- Der Konjunktiv findet sich prinzipiell in allen Formen abhängiger Sätze, in
  - Inhaltssätzen (deutsch zumeist *dass*-Satz),
  - Temporalsätzen (Zeitpunkt bezeichnend);
  - Sätzen mit Sinnrichtung:
    modal: Art und Weise (z. B. *indem*);
    final: Absicht, Zweck;
    konsekutiv: logische oder tatsächliche Folge;
    kausal: begründend;
    konditional: bedingend (*wenn*);
    konzessiv: einräumend (*obwohl*);
    adversativ: gedanklicher Gegensatz (*während dagegen*);
  - Relativsätzen.

Abhängige Sätze werden in der Regel durch einleitende Konjunktionen oder Pronomina signalisiert. *Ob* und in welchem ein Konjunktiv steht, „regelt das Kleingedruckte", in diesem Fall die lateinische Grammatik - aber man muss es ja nicht aktiv beherrschen.

Die Zeitenfolge oder Zwei geschlossene Gesellschaften

Wie schon betont, verweist ein Verb im abhängigen Satz nicht auf ein Zeitfeld, sondern bezeichnet ein *Zeitverhältnis* zu der Handlung des selbständigen Satzes (Gleichzeitigkeit, Vorzeitigkeit, ▶ S. 64). Die Verwendung der einzelnen Konjunktive wurde dafür im Lateinischen penibel geregelt, in diesem System der Zuordnung existieren sozusagen „zwei geschlossene Gesellschaften" (Thomas Meyer):

		Tempora I	Tempora II
selbständige Sätze		Präsens, Futur	Perfekt, Imperfekt, Plusquamperfekt
abhängiger Sätze	gleichzeitig	Konjunktiv GZ I	Konjunktiv GZ II
	nachzeitig	Ptzp. NZ -ūrus (-a, -um) + sim; Konjunktiv GZ I	Ptzp. NZ -ūrus (-a, -um) + essem; Konjunktiv GZ II
	vorzeitig	Konjunktiv VZ I	Konjunktiv VZ II

Der Konjunktiv GZ I wird in manchen Grammatiken auch Konjunktiv Präsens, der Konjunktiv VZ I auch Konjunktiv Perfekt genannt, entsprechend der Konjunktiv GZ II auch Konjunktiv Imperfekt und der Konjunktiv VZ II auch: Konjunktiv Plusquamperfekt genannt. Diese Begriffe sind jedoch unzutreffend und leicht irreführend.

Ziel- und zweckgerichtete Handlungen

Erwartungsgemäß findet sich der Konjunktiv zum Ausdruck von Handlungen, die durch ein übergeordnetes Verb mit der (direkten oder indirekt enthaltenen) Bedeutung *Wunsch* oder *Wille* ausgelöst werden (sollen). Die Handlung ist dadurch auf ein *Ziel* oder einen *Zweck* gerichtet. Im Deutschen ist hier der Indikativ üblich, der persönliche Stilwille oder einzelne Konventionen machen auch den Konjunktiv möglich; in manchen Fällen ist der Infinitiv (*zu…, um zu…*) angezeigt.

- Signal für Sätze dieser Art ist neben dem auslösenden Verb die Konjunktion **ut** *dass, damit, auf dass*, negativ **nē** *dass nicht, damit nicht, auf dass nicht*. Das **ut** kann auch fehlen:

Decūriōnēs deōs **precantur, ut** propitiī **sint** cīvitātī.	*Die Ratsherren beten zu den Göttern, sie mögen der Stadt gnädig sein [… dass sie …].*
Decūriōnēs deōs **sunt precātī, ut** propitiī **essent** cīvitātī.	*Die Ratsherren beteten zu den Göttern, sie mögen der Stadt gnädig sein [… dass sie …].*
Hortātus sum, ut ea, quae scīret, sine timōre indicāret.	*Ich habe ihn dazu aufgefordert mitzuteilen, was er wusste.*
(Rōmānī) **vōmunt u**t edant, **edunt ut** vōmant.	*Die Römer kotzen, um zu essen, und essen, um zu kotzen* (Kritik Senecas).
Spartacus celeriter **processit, nē** adversāriī sē caperent.	*Spartacus rückte schnell vor, damit seine Gegner ihn nicht fingen.*
Magistrātum **dēpōne, nē** in posterum malō exemplō sīs!	*Lege dein Amt nieder, auf dass du in Zukunft nicht weiter ein schlechtes Vorbild seist/bist!*

- Beachten Sie: **dīcō eam venīre** (AcI) *ich sage, dass sie kommt* – **dīcō ut veniat** *ich sage, sie solle kommen* (abhängiger Finalsatz).

Eine Besonderheit, die sich in den romanischen Sprachen fortgesetzt hat, zeigen Verben des Fürchtens, wohl weil sich hinter ihnen eine „innere Abwehr" („*soll nicht*") verbirgt. Bei ihnen entspricht **nē** dem Deutschen *dass* (**nē nōn** *dass nicht*, selten **ut**):

Vereor nē nimis stultē fēcerim.	*Ich fürchte, ich habe etwas allzu Dummes getan.*
Metuō nē ⌈nōn sit⌋ surda atque haec audīverit.	*Ich fürchte, sie ⌈ist nicht⌋ taub und hat das gehört.*

Wird die Aussage des Finalsatzes durch ein Adverb im Komparativ bestimmt, lautet die Konjunktion **quō** (*damit desto*), manchmal **ut eō**:

Lēgem brevem esse oportet, **quō facilius** ab imperītīs teneātur.	*Ein Gesetz muss kurz sein, damit es umso leichter von Unkundigen behalten wird.*

- Auch in Relativsätzen kann ein Konjunktiv in der beschriebenen Funktion auftreten; im Verb des übergeordneten Satzes ist ein Plan angelegt:

Carthāginēnsēs lēgātōs mīsērunt, **quī** pācem **peterent**.	*Die Karthager schickten Unterhändler, die um Frieden nachsuchen sollten.*
Dēlēgistī, **quōs** Rōmae **relinquerēs**, quōs tēcum **ēdūcerēs**.	*Du hast (Leute) ausgewählt, die du in Rom lassen, und welche, die du mitnehmen wolltest.*

Markierung des Inhalts fremder Worte

Ganz wie der deutsche - eine seiner wichtigsten Verwendungsweisen - kann der lateinische Konjunktiv einem Sprecher/Autor dazu dienen, mit ihm seine Äußerung als Bericht oder Wiedergabe des Inhalts einer fremden Äußerung zu kennzeichnen:

Caesar ā sociīs frūmentum postulāvit, quod sibī **pollicitī essent**.	*Caesar verlangte von seinen Verbündeten das Getreide, das sie ihm versprochen hätten.*
Lēgātī missī sunt Carthāginem, **sī nōn abstinerētur** bellō.	*Unterhändler wurden nach Karthago entsandt, ob man nicht vom Kriege ablassen wolle.*
Crēditis, **quod** fīliō meō **bene** inimīcus **velit**, pater nōlit?	*Glaubt ihr, dass meinem Sohn sein Feind wohlgesonnen sei, der Vater nicht?*

- Hauptsächlich findet sich der Konjunktiv in dieser Funktion bei der Wiedergabe von Nebensätzen in der berichteten Rede (▶ S. 174).

Weil die Grammatik es so will - aus Konjunktiv wird ‚Subjunktiv'

Es ist schon schwer genug, in der eigenen Sprache zu begründen, warum man *so* und nicht *so* sagt, oft unmöglich. Und dann gibt es wieder einen Dialekt, der „erlaubt", was die Standardsprache „verbietet" (*„Gehste nachn Aldi?" „Komm bei Oma!"*). Umso hoffnungsloser sind solche Fragen bei einer Sprache, die niemand mehr als Muttersprache beherrscht. Hier kann man nur den *Sprachgebrauch* beschreiben.

- Am weitaus häufigsten begegnet der lateinische Konjunktiv im abhängigen Satz in seiner Rolle als Subjunktiv. Das heißt: Hier trägt er keine (erkennbare) Redeabsicht, sondern er gibt - überflüssigerweise, scheint es - praktisch nur an, dass das Verb in einem Nebensatz steht. In all diesen Fällen benutzt man im Deutschen den Indikativ.
- Der Subjunktiv findet sich
  a) weitgehend obligatorisch in bestimmten Nebensatzarten (abhängiger Fragesatz, Konsekutivsatz, abhängiger Definitionssatz [Typ „sunt, quī dīcant", ▶ S. 85]);
  b) in Relativsätzen mit im Kontext liegender Sinnrichtung (kausal usw.);
  c) nach bestimmten Konjunktionen teils ausschließlich, teils in „Konkurrenz" mit dem Indikativ.

Wichtig ist: All diese Konjunktive lassen sich mit dem Indikativ wiedergeben, in manchen Fällen erlaubt der deutsche Sprachgebrauch einen Konjunktiv.

- Zu den Inhaltssätzen zählen auch **abhängige Fragesätze**, also solche, die durch Fragewörter wie **quis** (*wer*), **quantus** (*wie groß*), **ut** (*wie*), **sī**, **num**/**-ne**/**an** (*ob*), **quīn** (bei Zweifel *ob*) usw. eingeleitet werden und gewissermaßen auf den Inhalt des übergeordneten Verbs „antworten"; sie *müssen* also *nicht* durch Verben mit fragendem Inhalt (wie **interrogāre** *fragen*) ausgelöst werden:

Cōgitā, **quam** vīta sit brevis.	*Bedenke, wie kurz das Leben ist.*
Nesciunt, **quid** dīcant.	*Sie wissen nicht, was sie sagen.*
Quaesitum est, **num** homō expertus adesset.	*Es wurde gefragt, ob ein Fachmann da ist (sei).*
Vidēs, **ut** altā stet nive candidum Sōracte.	*Du siehst, wie in hohem Schnee der weiße (Berg) Soracte steht.*
An vērō dubitātis, iūdicēs, **quīn** īnsitās inīmicitiās istae gentēs omnēs et habeant et gerant cum populī Rōmānī nōmine?	*Oder zweifelt ihr wahrhaftig daran, ihr Herren Richter, dass alle diese Völker eingewurzelte Feindschaft gegenüber dem Römertum hegen und austragen?*

- Auch üblich bei Buchtiteln oder Überschriften ohne übergeordnetes Verb:

Quibus colōribus antīquī pīnxerint	*Mit welchen Farben die Alten malten*

- **Konsekutivsätze**, also Sätze, welche die Folge eines Geschehens bezeichnen, weisen - meistens - ebenfalls den Subjunktiv auf; Konjunktion ist **ut** (*dass, sodass*), verneint **ut nōn** (*sodass nicht*), nach verneintem übergeordneten Satz auch **quīn** (*dass nicht*). Außer dem Kontext deuten häufig vorausweisende Signalwörter **ita, tam, adeō** (*so*), **tālis, -e** (*solch*) auf den konsekutiven Sinn einer Äußerung. Das Deutsche verwendet *sodass/dass (nicht)* mit Indikativ.

Omnēs **ita** rīsērunt, **ut** lacrimae prōsilīrent.	*Alle lachten dermaßen, dass die Tränen hervorschossen.*
Per triennium iste Siciliam **ita** vexāvit ac perdidit, **ut** ea restituī in antīquum statum nūllō modō possit.	*Im Lauf dreier Jahre hat dieser Kerl (Verres) Sizilien so malträtiert und zugrunde gerichtet, dass es überhaupt nicht mehr in den alten Zustand gebracht werden kann.*
Alexander **„Eō"**, inquit, **„prōpositō** in Asiam vēnī, **ut nōn** id acciperem, quod dēdissētis, sed **ut** id habērētis, quod reliquissem."	*Alexander (d.Gr.) sagte: „Ich bin nicht mit dem Plan nach Asien gekommen, dass ich bekomme, was ihr mir preisgebt (preisgegeben habt), sondern dass ihr behalten könnt, was ich euch lasse (gelassen habe).*
Nīl **tam** difficile est, **quīn** quaerendō investigārī possit.	*Nichts ist so schwierig, dass es nicht durch Untersuchung erforscht werden könnte.*

- Ein konsekutiver Sinn kann wiederum auch in Relativsätzen angelegt sein; dieser kommt nicht im Subjunktiv zum *Ausdruck*, sondern lässt den Sprecher den Subjunktiv *verwenden*:

Hominēs ratiōnem habent sagācem, quae et causās rērum et cōnsecūtiōnēs videat.	*Die Menschen besitzen einen scharfsinnigen Verstand, der sowohl die Ursachen der Dinge als auch die Folgen sieht (sodass er sowohl ...).*

- Bestimmte Adjektive (z. B. **dīgnus, -a, -um** *würdig, wert* oder **idōneus, -a, -um** *geeignet*) weisen auf den Inhalt bestimmter Qualifikationen hin; dieser Inhalt wird dann gern in einem subjunktivischen Relativsatz formuliert und muss im Deutschen anders ausgedrückt werden:

Vīsa est tibī mea māter **idōnea, cūius** exemplō flectī mē quoque posse **putēs**.	*Meine Mutter scheint dir geeignet, dass du glaubst, auch ich könnte durch ihr Beispiel umgestimmt werden.*

- Ebenfalls den Subjunktiv weisen abhängige **Definitionssätze** auf; in diesen wird der mit dem übergeordneten Verb konkret gemeinte Inhalt überhaupt erst mitgeteilt (‚definiert'). Als Einleitung dienen (wie im deutschen *dass*-Satz) bestimmte Konjunktionen oder sie treten in Gestalt eines Relativsatzes auf.

  a) Einleitende Konjunktionen: **ut** (*dass*), **nē** (*dass nicht*), **quod** (*dass*); nach verneinten Verben oder Verben mit der Bedeutung *hindern/zurückweisen* **quōminus** (*dass*), **quīn** (*dass/dass nicht*).

  b) Auf den Relativsatz wird oft schon im übergeordneten Satz durch Signalwörter wie **is, ea, id** (*der, die, das*) bzw. **tālis, -e** (*solch*) vorausverwiesen (also ähnlich wie bei den Konsekutivsätzen).

In manchen Grammatiken werden diese abhängigen Sätze zu den Konsekutivsätzen, teilweise zu den Finalsätzen, gezählt oder als Explikativsätze (Erklärungssätze) bezeichnet.

Nōnnumquam **accidit, ut** terra moveātur.	*Bisweilen passiert es, dass die Erde bebt.*
Posteā id quoque accessit, **ut** saevitiae causam avaritia praebēret.	*Danach kam noch das hinzu, dass der Geiz Grund für Grausamkeit bot.*
Plūra **nē** scrībam, dolōre impedior.	*Dass ich mehr schreibe (mehr zu schreiben), hindert mich der Schmerz.*
Nōn erat dubium, **quīn** ōrātōres Graecī ventūrī essent.	*Es gab keinen Zweifel daran, dass die griechischen Redner kommen (kämen, kommen würden).*
Nihil est , **quīn** male nārrandō possit dēprāvārī.	*Es gibt nichts, dass es nicht durch schlechtes Erzählen noch verschlimmert werden kann.*
Vix continēbam mē, **quīn** involārem mōnstrō in capillum.	*Kaum konnte ich mich zurückhalten, diesem Ungeheuer in die Haare zu fahren.*

Nec cūnctābimur, **quōminus** sub tēctum faenum congerātur. — *Wir werden auch nicht zögern, dass das Heu unter Dach und Fach gebracht wird.*

Neque est, **quod** mīrēmur ab Homērō nōminārī Corinthum. — *Es gibt auch keinen Grund dafür, dass wir uns darüber wundern, dass Korinth von Homer gerühmt wird.*

- Relativsätze:

  Reperiuntur, quī dīcant… — *Es finden sich Leute, die sagen…*

  Multa ē corpore exsistunt, quae acuant mentem. — *Im Körper gibt es Vieles, das den Geist schärft.*

  Neque is sum, quī gravissimē ex vōbīs mortis periculō terrear. — *Ich bin auch keiner, der sich von euch zutiefst mit der Todesstrafe erschrecken lässt.*

Subjunktiv oder Indikativ im Bund mit bestimmten Konjunktionen

Für die bisher nicht erwähnten Arten abhängiger Nebensätze verwendet der Lateiner teils den Subjunktiv, teils den Indikativ. Echte Regeln dafür gibt es nicht; bei den Schriftstellern wird der Subjunktiv im Laufe der Zeit offenbar zunächst immer „beliebter" (in Spätantike und Mittelalter tritt er zurück).

Manche Konjunktionen lösen obligatorisch den Indikativ aus, manche den Subjunktiv, manche verhalten sich so oder so. Für das *Verstehen* indes gilt jedoch, dass das Deutsche in allen Fällen den Indikativ setzt.

Von besonderem Interesse ist ein Blick auf die sehr häufigen Konjunktionen **cum**, **ut** und **dum** weil sich dort der Gebrauch mit Subjunktiv oder Indikativ teilweise auf die Satzbedeutung auswirkt.

- **cum mit Subjunktiv** tritt auf

  a) in Temporal-Sätzen, die zeitliche Angaben machen, besonders in der Erzählung; es gibt hier keinen erkennbaren Unterschied zu gleichartigen Sätzen im Indikativ. Deutsch: **als**, **wenn**, **während**:

  Caesar **cum** Galliam expūgnāvisset, Rubicōnem flūmen trānsiit. — *Als Cäsar Gallien erobert hatte, überschritt er den Rubikon.*

Caesarī **cum** id nūntiātum esset, ...	*Als das Cäsar berichtet wurde, ...*

b) in Kausal-Sätzen, die Begründungen liefern. Deutsch: **da**, **weil**:

Dionȳsius **cum** palam cōnsistere nōn audēret, cōntiōnārī ex turrī altā solēbat.	*Weil* [der Tyrann] *Dionysius nicht öffentlich aufzutreten wagte, pflegte er von einem hohen Turm aus zu reden.*

c) in Konzessiv-Sätzen, die den Inhalt des übergeordneten Satzes als unlogisch beschreiben und einen Grund dagegen anführen. Deutsch: **obwohl**:

Cum tōta Italia bellō sociōrum ārdēret, C. Norbānus in summō ōtiō fuit.	*Obwohl ganz Italien im Bundesgenossenkrieg brannte, gab sich G. Norbanus voll seiner Ruhe hin.*

d) in Adversativ-Sätzen, die einen aus Sicht des Sprechers zum Inhalt des übergeordneten Satzes gegensätzliches Faktum konstatieren. Deutsch: **während** (**dagegen**, **andererseits**).

Vīnō vostrōs panticēs madefactātis, **cum** ego hīc sim siccus.	*Ihr durchfeuchtet eure Wänste mit Wein, während ich hier trocken bin.*

e) Entsprechend diesem Sachverhalt formuliert ein Sprecher auch Relativsätze mit kausaler oder (wie hier) konzessiver Färbung im Subjunktiv:

Nōn convenit, **quī** illum hinc **pepulerim**, nunc mē ipsum fugere.	*Das passt mir gar nicht, dass ich selbst abhauen soll, obwohl ich den von hier vertrieben habe!*

- **cum mit Indikativ** dagegen findet sich

a) in temporalen Sätzen einfach zur Angabe eines Zeitpunkts:

Īnspectāvistī meum hospitem, **cum** amīcam ōsculābātur.	*Du hast meinem Gast zugeschaut, als er seine Freundin küsste.*

b) in temporalen Sätzen, die eine Erklärung zum Inhalt des übergeordneten Satzes formulieren. Deutsch: **wenn**, **indem**, (**dadurch**) **dass**:

Cum tacent, clāmant.	*Indem sie schweigen, reden sie.*

Rēctē fēcistī, **cum** silēbās.	*Du tatest richtig, dass du schwiegst.*

c) in temporalen Sätzen, welche die Wiederholung eines bestimmten Vorgangs ausdrücken. Deutsch: (jedesmal) **wenn**, **sooft**; oft mit vorausverweisendem **tum** *dann*:

Cum aut scrībō ad vōs aut vestrās legō litterās, cōnficior lacrimīs.	*Immer wenn ich euch schreibe oder eure Briefe lese, werde ich von Tränen überwältigt.*

d) in der Verbindung **cum prīmum**, deutsch: **sobald** (**als**).

e) in der Erzählung in Temporal-Sätzen, bei denen das Hauptgeschehen in den abhängigen Satz verlagert wird. Deutsch: **als** (plötzlich).

Vix ea fātus erat, **cum** circumfūsa repente | scindit sē nūbēs...	*Kaum hatte er* (Aeneas' Gefährte) *das gesagt, als sich plötzlich die rings umhüllende Wolke teilte...*

- **ut mit Subjunktiv** tritt auf:

a) in Final- (Zweck-)Sätzen und Konsekutiv- (Folge-)Sätzen (▶ S, 85). Deutsch: **dass**, **damit**, **um ... zu**; **sodass**, **so ... dass**.

b) wie **cum** in Konzessiv-Sätzen, die den Inhalt des übergeordneten Satzes mit einem widersprechenden Grund als unlogisch beschreiben; im übergeordneten Satz oft ein **tamen** *(dennoch)*. Deutsch in einer Nuance zu *obwohl*: **selbst wenn**, **auch wenn**:

Vērum **ut** hoc nōn sit, **tamen** servet rem pūblicam.	*Selbst wenn das nicht der Wahrheit entspricht, dürfte es doch dem Staat nützen.*

c) in Definitionssätzen (▶ S. 86). Deutsch: **dass**.

- **ut mit Indikativ** dagegen findet sich:

a) in Vergleichssätzen. Deutsch: **wie** (**ita ... ut ...** *so ... wie*). Kontextuelle Nuance: *im Vergleich zu*:

Triumphāvit īnsīgnī, **ut** illōrum tempus habitus erat, triumphō.	*Er feierte einen prächtigen Triumph, zumindest nach dem Standard der damaligen Zeit.*

b) in Temporal-Sätzen, meist in der Erzählung mit Perfekt; deutsch: **wie**, **als**, **sobald**; oder mit Plusquamperfekt, deutsch: **sooft**, **jedesmal wenn**:

Ut id audīvit Calpurnia, profecta est.	*Als Calpurnia das hörte, brach sie auf.*
Ut cohortēs excubuerant, accessēre Pompēiānī.	*Jedesmal wenn die Truppen draußen lagerten, rückten Pompejus' Leute an.*

c) **dum** (mit Indikativ: *während, solange als, solange bis*) tritt **mit Subjunktiv** auf, wenn die Äußerung bedingenden (konditionalen) oder zielgerichteten (finalen) Charakter hat:

Ōderint, **dum** metuant!	*Sollen sie uns hassen, solange sie uns nur fürchten!*
Rūsticus exspectat, **dum** dēfluat amnis.	*Der Bauer wartet ab, bis der Strom versiegt.*

▸ Anhang: *Konjunktionen*, S. 173.

Verneinung und verneinte Sätze

Die Verneinung von Wörtern und Sätzen funktioniert ähnlich wie im Deutschen, einige Dinge sollte man sich jedoch einprägen:

- als selbständige Verneinungswörter mit der Bedeutung *nicht* gibt es **nōn, nē** und **haud** (**haut, hau**).

  a) **nōn** verneint Einzelwörter und ganze Aussagen (Verben);
  b) **haud** (seltener) verneint vorwiegend Adjektive (**haud māgnus** *nicht groß*), seltener Verben (**haud sciō** *ich weiß nicht*);
  c) **nē** steht einmal in verneinten Wunsch- und Aufforderungssätzen und tritt außerdem als Konjunktion in der Bedeutung *dass/damit nicht* auf (▸ S. 74, 82.).
  d) **Nōn** bedeutet auch *nein!*, doch heißt es stattdessen z. B. eher **negō** (*ich sage nein*) oder **minimē** *keineswegs, mitnichten*.

- als Verneinung in Wortzusammensetzungen gibt es **nĕ-**, **n-**, das jedoch nur selten vorkommt (**nesciō** *ich weiß nicht*, **numquam** *niemals* u. a. m.), sowie **in-** (≈ deutsch *un-*), etwa **inūtilis, -e** *unnütz, unbrauchbar*. Dieses in- wird in manchen Fällen in der Lautung an den folgenden Konsonanten angeglichen, z. B. **immortālis, -e** *unsterblich*, **impatientia** *Ungeduld*, **īgnōtus, -a, -um** *unbekannt*.

Nicht verwechseln mit der gleichlautenden Vorsilbe in- nach der Präposition in, deutsch *in, hinein*, z. B. **ingressiō** *das Eindringen*. Wegweiser ist im Zweifelsfall der Sinn!

Doppelte Verneinungen heben sich normalerweise auf (**īgnōrāre** *nicht wissen*):

Nōn īgnōrō ...	*Ich weiß sehr gut, dass ...*

Andere Fälle sind selten:

Iūrā tē **nōn** nocitūrum esse **nēminī**.	*Schwöre, dass du keinem schaden wirst!*

Ein Fall ist für das Deutsche ungewöhnlich: Zwei aufeinander folgende verneint gedachte Begriffe zeigen im Deutschen nur eine Verneinung, z. B.

Nihil tam turpe **neque** tam inhonestum ...	*Nichts ist so schändlich und unehrenhaft ...*

Fragesätze

Satzfragen, also solche, auf die man mit Ja oder Nein antwortet, begegnen in verschiedener Form:

- Ohne sprachliches Signal, im Lateinischen dann nur am Fragezeichen, auch nicht an der Wortstellung, erkennbar (bzw. im Text daran, dass eine Antwort folgt):

  Clōdius īnsidiās fēcit Milōnī?
  Hat Clodius den Überfall auf Milo organisiert?

- Mit dem Signal **-nĕ**, das an das erste Wort des Fragesatzes angehängt wird. Damit wird eine neutrale Frage eingeleitet (Antwort nicht beeinflusst):

  Rūs**nĕ** aetāte ībitis? *Fahrt ihr im Sommer auf das Land?*

- Mit dem Signal **nōnne**, meist am Satzanfang; die erwartete Antwort ist *Ja, doch*:

  Nōnne sentīs? *Merkst du nicht?* Ex aede Iovis simulācrum **nōnne** abstulistī? *Hast du das Standbild aus dem Jupitertempel etwa nicht fortgebracht?*

- Mit dem Signal **num** (**numquid, numne**) am Satzanfang oder vor dem Verb; die erwartete Antwort ist *Nein*:

  Num nimiō ēmptae esse aedēs tibī videntur?
  Meinst du etwa, das Haus wäre zu teuer gekauft?

Mit **num** (*ob ...*) und **nōnne** (*ob ... nicht ...*) werden auch abhängige Fragen eingeleitet. Zu Fragen an die eigene Person und abhängigen Inhaltsfragen ▶ S. 74, 83.

3. Aktiv und Passiv - Handlungsperspektiven

Je nachdem, auf welchen der an einem Geschehen beteiligten „Mitspieler" ein Sprecher/Autor sozusagen den Spot richten möchte, entscheidet er sich auch für ein bestimmtes Verb, das zur Handlung und zu diesem Mitspieler passt. Manche Verben erlauben dabei eine Entscheidung für die Form des Aktivs oder die des Passivs. In der Aktivform kommt dann zum Ausdruck, dass die Handlung vom sozusagen aktiven Mitspieler aus betrachtet wird *(der Hund bellt)*; bei der Passivform steht der bzw. das von der Handlung Betroffene im Blickpunkt. Die Verben, die diese Blickumkehrung erlauben, nennt man ‚transitiv', also etwa: *der Hund wird dressiert - ich dressiere den Hund*, aber nicht: **der Hund wird gebellt*.

Im Lateinischen ist ein guter Teil der Passivformen so wie die Aktivformen einteilig (**regō** - **regor**) und daher für uns vielleicht weniger auffällig, im Deutschen hingegen sind sie allesamt mehrteilig (*ich lenke - ich werde gelenkt*). Bis auf diese formalen Unterschiede stecken im Lateinischen hinter der Entscheidung für eine Passivform in der Hauptsache die gleichen Prinzipien wie im Deutschen. Also:

ich werde gewaschen: **lavor**

Doch die Formen des Passivs übernehmen - **typisch lateinisch** - noch eine weitere Aufgabe: Das Passiv dient auch zur Bezeichnung solcher Vorgänge, bei denen „aktiver" und „passiver" Mitspieler identisch sind oder ein aktiver Mitspieler nicht erkennbar ist; das sind

- reflexive Aussagen:
  ich wasche mich: **lavor** (oder auch: **mē lavō**),
  der Fluss ergießt sich ins Meer: flūmen in mare **funditur**,
- oder bestimmte scheinbar selbsttätig erfolgende Vorgänge:

Fortūna vitrea est: tum cum splendet, **frangitur**.	*(Das Glück ist aus Glas: gerade wenn es glänzt, bricht es): Glück und Glas, wie leicht bricht das.*

Die Umgebung einer Passivform sollten Sie also genau daraufhin prüfen, welche und welcher Art Mitspieler Sie ausmachen können. Immer dann, wenn ein *persönlicher* Handlungsauslöser (‚Agens') genannt wird oder denkbar erscheint, liegt ein normales Passiv nahe. In anderen Fällen spielt (genannt oder ungenannt) oft ein *Grund* oder ein *Instrument/(Hilfs-)Mittel* mit. In jedem Fall ergibt sich der Schlüssel für das Verständnis und damit die Übersetzung aus der Sinnbeziehung zwischen Subjekt und Verb und darüber hinaus zwischen eventuellen weiteren Mitspielern:

Īnstrūmenta epulārum camēlīs **vehēbantur**.	*Das Tafelgeschirr wurde auf/mit Kamelen herangeschafft.*
Tergore piscis Pēleos in thalamōs **vehitur** Thetis.	*Auf dem Rücken eines Fisches reitet* (die Meeresnymphe) *Thetis in Peleus' Schlafgemach.*

Auch im Lateinischen muss ein Verb nicht zwangsläufig eine Passivform annehmen, wenn es einen reflexiven oder intransitiven (auf das Subjekt bezogenen) Vorgang bezeichnen soll, etwa **mōns movētur** oder **movet** *der Berg zittert.*

▸ Deponentien S. 46.

Im Abseits oder ausgeblendet: der Täter

a) In den meisten Passivsätzen - auch den deutschen - ist der Täter oder Handlungsauslöser (Agens) ausgeblendet. Wird er genannt, geschieht das lateinisch in Form einer Angabe im Ablativ mit der Präposition **ā/ab**, wenn es sich um *Personen* handelt:

Rōmānī apud Cannās **ā** Carthāginiēnsibus victī sunt.	*Die Römer wurden bei Cannae von den Karthagern besiegt.*

b) In den anderen Fällen fasst das Lateinische den Urheber als *Werkzeug* oder *Grund* auf; dann steht der reine Ablativ:

Rōmānī apud Cannās Hannibalis **equitātū** victī sunt.	*Die Römer wurden bei Cannae durch Hannibals Reiterei besiegt.*
Rōmānōrum cōpiae **impetū** Carthāginiēnsium dēprehēnsae erant.	*Die Truppen der Römer waren vom Angriff der Karthager überrascht worden.*

Anzutreffen ist hier auch die Präposition **per** *durch, mittels*:

Per īnsidiās interceptī sunt duo quaestōrēs Rōmānī - *durch einen Hinterhalt wurden zwei römische Steuerbeamte abgefangen.*

c) Wird der Urheber - wie eben meistens - nicht genannt, ist das im Wesentlichen durch zweierlei begründet:

- der Urheber ist schon erwähnt, bekannt oder nicht wichtig; das Interesse des Sprechers zielt auf das Geschehen und das davon Betroffene:

  Dictō cītius mercēs allātae sunt. - *Schneller als gesagt wurden die Waren herbeigeschafft.*

- der Urheber bzw. Grund soll bewusst ausgeblendet, verschwiegen werden:

  Omnēs eōdem cōgimur. - *Alle werden wir zum selben Ort gezwungen* (d. h. vom Tod).

Unpersönliches Passiv

Bei nicht passivfähigen Verben dient die 3. P. Sg. des Passivs wie im Deutschen dazu, einen scheinbar täterlosen Vorgang zu bezeichnen; für die Übersetzung bietet sich oft das verallgemeinernde *man* an:

Hīc saltā**tur**. - *Hier wird getanzt.*
Sērō adven**tum est**. - *Spät kam man an.*

Eine derartige verallgemeinernde Äußerung lässt sich auch in Form der 3. Person Plural oder der 2. Person Singular des Aktivs tun: **dīcunt** *man sagt*, **crēdideris** *man könnte glauben.*

Vorgangspassiv - Zustandspassiv

Anders als das Lateinische unterscheidet das Deutsche zwischen einem

- Vorgangspassiv: *ich werde (wurde) betrogen* und einem
- Zustandspassiv: *ich bin (war) betrogen.*

Das lateinische Passiv deckt im Perfekt bzw. Plusquamperfekt grundsätzlich beide Aspekte ab: unter **dēceptus /-a sum** ist je nach Kontext *ich wurde betrogen* oder *ich bin betrogen* zu verstehen. Aber auch in manchen anderen Fällen bevorzugt das Deutsche das Zustandspassiv:

Cōgor ... - *ich bin/sehe mich gezwungen zu ...*
Lēge **scrībitur**: ... - *Im Gesetz steht geschrieben: ...*

Die Wahl von Aktiv oder Passiv ist also als ein wichtiges Mittel der Verstehenslenkung und Partnertaktik zu sehen. Die Wahl liegt weitestgehend im Ermessen des Sprechers und ist damit auch von großer stilistischer Bedeutung, weil davon die Weise abhängt, ob und wie ein Handlungsbeteiligter ins Blickfeld des Hörers/Lesers gerückt wird. Außerdem ist es mit dem Passiv möglich, bei ganz unterschiedlichen Vorgängen die Perspektive ein und desselben Elementes beizubehalten (*„Im Sommer weiden die Kühe auf der Alm, im Winter werden sie ins Tal auf den Hof hinabgetrieben...“*).

„... so I've been told ...“

Vielleicht kennen Sie diese englische Ausdrucksweise, die im Deutschen so nicht möglich ist, wohl aber bei manchen Verben im Lateinischen; manche Wörter, die bei uns nicht passivfähig sind, sind es in anderen Sprachen, so etwa auch im Englischen:

Multum aurī exstitisse **mihī nārrātum est** in rīpīs Sacrāmentī flūminis.	*There is plenty of gold, **so I've been told**, on the banks of Sacramento.*

In Fällen wie diesen kommt man nicht umhin, im Deutschen umzuformulieren, etwa: ... *hat man mir erzählt* ..., und auch im Lateinischen wäre das beim Verbum narrāre - siehe oben - nicht anders, wenn sich, wie hier, der Inhalt der Erzählung auf ein anderes Subjekt bezieht.

Eine solche passivische Ausdrucksweise ist im Lateinischen häufig nach Inhaltsverben wie **dīcere** (*sagen*), **trādere** (*überliefern*), **iubēre** (*befehlen*), **sinere** (*zulassen*), **audīre** (*hören*) u. ä. anzutreffen; wichtig ist insbesondere auch **vidērī** (das Passiv von **vidēre** *sehen*), das hier die Bedeutung *scheinen, offensichtlich (ist, dass ...)* annehmen kann:

Curtiō Rūfō accēdentī Carthāginem ēgredientīque nāve eădem figūra [gemeint: Afrika als schöne Frau] in lītore **occurrisse nārrātur**.	*Als Curtius Rufus sich Karthago näherte und aus dem Schiff stieg, soll ihm einer Erzählung nach dieselbe Gestalt begegnet sein.*
Thalēs philosophus prīmus sōlis dēfectiōnem **praedīxisse trāditur**.	*Der Überlieferung nach hat der Philosoph Thales als Erster eine Sonnenfinsternis vorhergesagt.*

Nōn omnēs beātī sunt, quī beātī **esse videntur**.	*Nicht alle sind glücklich, die glücklich zu sein scheinen.*
Decemvirī librōs Sibyllīnōs adīre atque **īnspicere iussī sunt**.	*Das Zehnmännerkollegium bekam den Auftrag, sich die Sibyllinischen Bücher vorzunehmen und sie zu prüfen.*

Der Aussageinhalt dieser Verben erscheint im Lateinischen bei passivischer Verwendung im Infinitiv, Ergänzungen dazu im Nominativ.

Das Lateinische kann bei *einzelnen* Verben mit einem Passiv sogar ein Akkusativobjekt verbinden: bovēs anniculae fēcunditātem poscuntur *von einjährigen Kühen verlangt man Fruchtbarkeit* (poscere *fordern, verlangen*). Vergleichen lässt sich dazu beispielsweise engl. *I was told a story*.

DAS VERB ALS MANAGER DES SATZES – VERB UND KASUS

1. Des Pudels Kern

... hat hier nichts mit Mephisto in Goethes Faust zu tun, und ihm haftet auch nichts Teuflisches an (wenngleich manche das beim Latein anders sehen möchten). Es geht hier nur darum, dass das Verb als Prädikat den Kern einer Äußerung (eines Satzes) bildet. Allerdings: Wie Mephisto kann das Prädikat verschiedene Gestalten annehmen.

Kongruenz von Subjekt und Prädikat

Zunächst: Entscheidend mitbestimmt wird (nicht anders als im Deutschen) das Prädikat durch das Subjekt, beide sind auf unauflösliche Weise miteinander verbunden: durch die ‚Kongruenz' (Übereinstimmung) von Singular und Plural, etwa

can**is** lātra**t** *ein Hund bellt* – av**ēs** canta**nt** *Vögel singen*
can**ēs** lātra**nt** *Hunde bellen* – illa av**is** nōn canta**t** *jener Vogel singt nicht*

Gleichsam automatisch greifen „Zapfen und Nut" grammatisch ineinander.

Darüber hinaus gilt (natürlich), dass Subjekt und Prädikat von der Bedeutung her zueinander passen (‚solidarisch sein') müssen. Wo das nicht im „üblichen" Sinn der Fall ist, kann man in der Regel eine besondere Absicht des Sprechers/Autors vermuten. Diese Fälle sind in der Muttersprache leichter nachzuvollziehen als in einer fremden, erst recht in einer so fernen wie dem Lateinischen; einfaches Beispiel: *Die Nacht steht still und schweiget ...* (Personifikation).

Da der Sinn jedoch immer Herr der Grammatik ist, können Sie auch im Lateinischen in bestimmten Fällen damit rechnen, dass einem Subjekt im Singular ein Prädikat im Plural beiseite steht: **Māgna multitūdō lapidēs tēlaque coniēcērunt** – *eine große Menschenmenge schleuderte Steine und Wurfgeschosse.*

Die Kongruenz von Singular bzw. Plural bei Subjekt und Prädikat ist *ein* elementares Merkmal für die Erschließung des lateinischen Satzes.

Achten Sie auch auf sog. ‚verdeckte Subjekte': Im folgenden Beispiel verweist das -t in **cōnsistit** auf den im Satz zuvor genannten Wolf:

Lupus ad rīvum cucurrit; in rīpā cōnsistit.
Der Wolf lief zum Bach; [er] blieb am Ufer stehen.

Gestalten des Prädikats

Das Prädikat kann in verschiedenen Formen auftreten, in erster Linie als *einfaches* und als *mehrteiliges* Prädikat. Dieser Art Prädikat liegt ein *Vollverb* zugrunde, z. B.:

mittō (epistulam) – *ich schicke (einen Brief)*
(epistula) **missa est** – *(ein Brief) wurde geschickt*

Vollverben allein reichen sprachlich zur Bildung von Prädikaten nicht aus; ihnen treten *zusammengesetzte Prädikate* an die Seite. Diese bestehen aus

- Verb mit schwacher Bedeutung + Infinitiv eines Vollverbs, etwa:

  ich beginne zu reden – **loquī incipiō**
  sie können nicht singen – **cantāre nōn sciunt**

- Verb mit schwacher eigener Bedeutung (meist Hilfsverb esse *sein*) + Nomen (Adjektiv oder Substantiv), sog. Prädikatsnomen, mit Bezug zum Subjekt, etwa:

  Epaphroditus ist Grammatiklehrer – Epaphrodītus **grammaticus est**
  Vibia ist bildhübsch – Vībia **bellissima est**

  ▶ Das Prädikatsnomen stimmt in Kasus, Numerus (Singular/Plural) und Genus mit dem Subjekt überein.

- Verb mit schwacher Bedeutung + Nomen (Adjektiv oder Substantiv), sog. Prädikatsnomen, mit Bezug zum direkten (Akkusativ-)Objekt; das Nomen füllt die Bedeutung des Verbs mit Sinn auf, etwa:

  Pompejus machte die Meere sicher – Pompēius maria **tūta reddidit**
  der Senat wählte Cicero zum Konsul – senātus Cicerōnem **cōnsulem creāvit**

  - Das Prädikatsnomen stimmt, wenn es Adjektiv ist, in Kasus, Numerus (Singular/Plural) und Genus mit dem direkten (Akkusativ-)Objekt überein, sonst mindestens im Kasus.

- Bei bestimmten Prädikatsnomen im Objekt verlangen manche deutsche Verben eine verdeutlichende Präposition wie oben *zum Konsul wählen* oder:

  magister vōs **vafrōs nōmināvit** - *der Lehrer bezeichnete euch als spitzfindig*

- Verb mit schwacher Bedeutung (vorwiegend **esse** *sein*) + Nomen im Genitiv, Dativ oder Ablativ. Diese Prädikate sind aussagemäßig auf das Subjekt, aber auch auf das Objekt bezogen; ihre Nomen-Bestandteile weisen jedoch mit diesen keine Kongruenz auf:

  est/sunt (o. a.) + Nomen im Genitiv, Dativ oder Ablativ

Näheres bei den einzelnen Kasus (▶ S. 109, 112, 116, 121, 128).

Die Kongruenz von Subjekt bzw. Objekt und Prädikatsnomen

Illa **mulier bellissima** est.	*Die Frau dort ist bildhübsch.*
Hic **piscis** mihī **ēsculentus** esse vidētur.	*Dieser Fisch scheint mir essbar zu sein.*
Pompēius et **mare** Aegaeum ā pīrātīs **tūtum** reddidit.	*Pompejus machte auch das Ägäische Meer vor Piraten sicher.*
Illud **vīnum** - estne **indigena**?	*Jener Wein - ist er von hier (einheimisch)?*

Während im Deutschen alle Adjektive, die nicht vor ihrem Substantiv stehen, keinerlei Abwandlungen der Form zeigen (*der Wein ist trocken, man bringt den Fisch frisch auf den Tisch,* auch als Attribut *„Röslein rot"*; dagegen *frischer Fisch, rote Rose*), verdeutlichen lateinische Adjektive in *jeder* Funktion ihre Zugehörigkeit zum jeweils passenden Wort auch durch ihre grammatische Form. Der Begriff dafür ist ebenfalls ‚Kongruenz'. Die andere Sachlage im Deutschen zeigt ihrerseits jedoch wieder, dass die *Sinnbeziehung* primär ist.

Das soll an dem obigen (wenn auch in dieser Form seltenen) Beispiel **vīnum indigena** (Neutrum) *lokaler Wein* illustriert sein. Das Wort **indigena** existiert als Substantiv und Adjektiv nur in dieser einen Gestalt. Kongruenz heißt also nicht gleiches Aussehen der Form, sondern nur grammatisches Zusammenpassen der Wörter als Ausdruck der Sinnbeziehung.

Beachten Sie:

- Das Prädikatsnomen muss sich im Genus nicht nach dem grammatischen Subjekt (hier Ntr. Pl.: **mīlia**) richten, sondern kann auch dem Sinn folgen:

  Duo mīlia **captīvōrum** redēmptī sunt. *2000 Gefangene wurden verkauft.*

- Das Prädikatsnomen kann bei mehreren Subjekten, wenn es sich um Sachen handelt, im Singular stehen und sich im Kasus nach dem nächststehenden richten; es kann dann aber auch im Neutrum Plural gehalten sein:

  Terra et aqua et āēr et īgn**is** ā deō **creātus est**. *Erde, Wasser, Luft und Feuer wurden von Gott erschaffen.*
  Honōr**ēs** et dīviti**ae cadūca sunt**. *Ehre und Reichtum sind vergänglich.*

- Bei mehreren Subjekten von verschiedenem biologischen Geschlecht dominiert das Maskulinum:

  Antōnius et Cleopatra amōre perditō inter sē **sunt incēnsī**.
  Antonius und Kleopatra entbrannten in heilloser Liebe zueinander.

2. Verb, Spielplan, und Mitspieler - die Kasus

Eine kurze Überlegung vorweg: Es ist nicht so, dass alles nur gerade in der eigenen Sprache logisch wäre - man ist es nur so gewohnt. Es gibt Sprachen, in denen „der Tiger springt" (sinngemäß) mit „der Sprung tigert" ausgedrückt wird. Wie die Elemente, die Mitspieler, eines Geschehens in Sätzen miteinander zusammengebracht werden, ist also in höchstem Grade sprachabhängig.

Genauso wenig ist das Lateinische logisch oder logischer, es hat nur seine Eigentümlichkeiten. Und die sind gegenüber dem Deutschen, einer verwandten Sprache von gleichem Typus, insgesamt gering. Nicht zuletzt sind Sie als Deutschsprachige sogar an eine breite Palette grammatischer Wortendungen gewöhnt.

Wie immer - denn sonst hätte das ganze System ja nicht funktioniert -: Verlassen Sie sich auf den Sinn, die Sinnhaftigkeit, jeder Äußerung, und da spielt eben das Verb eine zentrale Rolle: In ihm kommt zum Ausdruck, welche Mitspieler bei einem Geschehen, einer Handlung *denkbar* sind und daher *erwartet* werden *können* (sie *müssen* also nicht ausgedrückt sein).

Aus ihrer Bedeutung heraus „managen“ Verben zwischen einem und vier die Handlung ausmachende Mitspieler (selten gibt es keinen, etwa **tonat** *es donnert*, oder scheinbar keinen wie z. B. **nunc saltātur** *jetzt wird getanzt*). Diese Mitspieler besetzen dann je nach sprachlichem „Spielplan“ einen grammatischen Platz (Subjekt, Objekt, weitere Angaben). Entweder erscheinen sie in einem der Kasus (je nach den sprachlichen Regeln mit oder ohne Präposition) oder auch in Form eines Satzes anstelle eines Kasus.

Zur Veranschaulichung

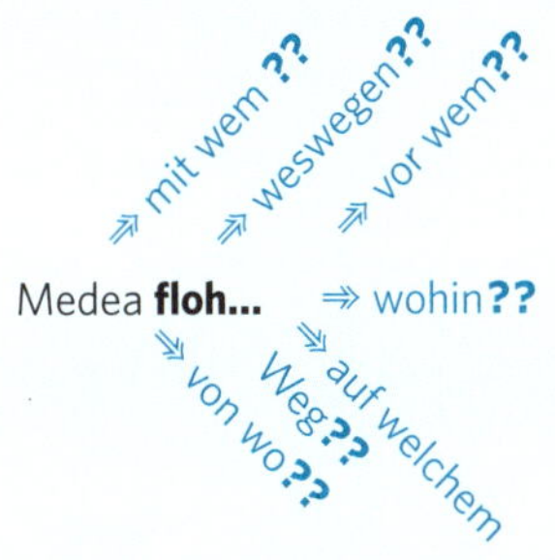

Das Verb *floh* schafft einen gedanklichen Rahmen beteiligter Elemente, (Personen, Umstände, Orte usw.), der je nach Kontext und Wissen mit maximal vielleicht den links stehenden Angaben aufgefüllt werden muss oder kann, hier:
mit Iason – *wegen* ihrer Hilfe bei der Erlangung des Goldenen Vlieses – *vor* ihrem Vater – *aus* Kolchis – *über* das Meer – zunächst *nach* Iolkos

Etwas anderes ergibt sich bei folgender Konstellation:

Der Hauptmann beauftragt den Gefängniswärter: „Hol mir den Gefangenen!“ – Antwort:	„Der Gefangene ist geflohen!“
In diesem Kontext bedarf der Satz rechts *zunächst* keiner weiteren Angaben.	

- Genaueres wird bei der Besprechung der einzelnen Kasus deutlich. (Medea ist übrigens eine Gestalt aus der griechischen Sage, der Geschichte der *Argonauten*.)

Folgende Grundaspekte sollten Sie beim Lesen stets berücksichtigen:

- Dominanter Mitspieler ist in der Regel das Subjekt; seine Bedeutung und die des Verbs wirken gegenseitig aufeinander;
- erlaubt das Verb von der Bedeutung her ein direktes Objekt, wirkt auch dieses in vielen Fällen auf die spezielle Bedeutung des Verbs zurück; ▶ Beispiel **colere** beim Akkusativ S. 109;

- kommt ein zunächst denkbarer oder vermuteter Mitspieler, insbesondere in Form eines direkten Objekts, nicht vor, ist er entweder
  - schon erwähnt
  - sonstwie bekannt oder als bekannt vorausgesetzt (!)
  - unwichtig
  - absichtlich unerwähnt, oder aber

    a) das Verb erfährt eine Bedeutungsschattierung bzw. Modifikation (etwa *Julia liest ≈ beschäftigt sich mit Lesen* gegenüber *Julia liest einen Roman*),

    b) das Verb verfügt bei unterschiedlichen Spielplänen oder unterschiedlicher Besetzung über unterschiedliche Bedeutungen. Diese Fälle sind glücklicherweise nicht so häufig, dann aber in der Regel nur durch konkretes Wortwissen lösbar.

Anmerkung: Ein Verb wie **cōnsulere**, das in verschiedenen grammatischen und bedeutungsmäßigen Kontexten auftritt, hat zwar einen erkennbaren Sinnkern um *Rat, Beratung, Plan* herum, doch dürfte es nicht unbedingt leicht fallen, ohne konkreteres Wissen vom Gebrauch dieses Wortes die jeweils unterschiedliche grammatische Umgebung zu interpretieren:

cōnsulere:
- Croesus Lȳdōrum rēx Apollinem **deum** cōnsuluit - *Der Lyderkönig Kroisos fragte den Gott Apollon um Rat*
- cīvēs **dē commūnibus rēbus** cōnsuluērunt - *die Bürger beratschlagten über die gemeinsamen Angelegenheiten*
- naufragī **salūtī** cōnsulēbant - *die Schiffbrüchigen „trugen Sorge für ihre Rettung", suchten sich zu retten*
- victor superbē **in captīvōs** cōnsuluit - *der Sieger verfuhr arrogant mit/gegenüber den Gefangenen*

Der Unterschied kann aber auch sprachtypisch sein, etwa bei einem Verb wie **persuādēre** *überreden, überzeugen*: Meist dirigiert es einen Mitspieler im Dativ (manchmal Akkusativ). Der im Deutschen vorliegende Unterschied zwischen *überreden* und *überzeugen* kommt dann entweder nur kontextuell heraus oder wird durch eine Angabe zum Inhalt des **persuādēre** in Form eines AcI (▶ S. 143): *davon überzeugen, dass*... oder der Angabe eines Ziels mit der Konjunktion **ut**: *dazu überreden, dass*... deutlich.

Fünf Kasus für alle Fälle

Man kann versuchen, die einzelnen Kasus auf Grundbedeutungen festzulegen, aber das ist nicht sinnvoll. Hat das Lateinische mit dem Ablativ auch schon einen Kasus mehr, reichen auch diese bei weitem nicht „für alle Fälle" aus. Hinter den Kasus verbergen sich nämlich *Handlungsrollen*, die wir kraft unseres erlernten Wissens über die Welt ohne Probleme erfassen.

Zur Illustration: *Emily Brontë schrieb den Roman ‚Sturmhöhe'. Emily Brontë* ist Nominativ, Subjekt und - ‚Agens', d. h. tätiges Element; *den Roman ...* ist Akkusativ, Objekt und ‚Resultat'.

Im entsprechenden Passivsatz (*Der Roman ... wurde von E. B. geschrieben*) bleiben die bedeutungsmäßigen Rollen erhalten, aber die Kasus und die grammatischen Rollen werden vertauscht.

Oder: *Rom besitzt viele bedeutende Museen. Rom* ist Nominativ, Subjekt und ‚Ort'; *Museen* ist Akkusativ, Objekt und ‚lokalisierter Gegenstand'. Eine Umkehrung wie im vorhergehenden Satz funktioniert nicht (**Viele Museen werden von Rom besessen*), jedoch etwa so: *Viele Museen sind in Rom vorzufinden.*

Darüber, wie viele solcher Handlungsrollen anzunehmen sind, herrscht bisher kein endgültiges Einvernehmen; nach einem Modell sind es einundzwanzig. Stellen Sie sich nun einundzwanzig Kasus vor (oder noch mehr) - das hätte vermutlich nicht einmal ein Cicero bewältigt!

Wir sehen also: Die Kasus haben eine Filter-, eine Sortierfunktion, und was sie an Genauigkeit nicht leisten (können - Sprache ist ökonomisch), tun wir kraft unseres Weltwissens hinzu - gelenkt im Wesentlichen von der Bedeutung des Verbs. Es reicht, dass die einzelnen Kasus sozusagen einige Hauptrollen (‚semantische Rollen') besetzen und dabei die Mitspielerrollen differenzieren helfen, der Rest erledigt sich über den Sinn. Sehr selten entscheiden verschiedene Kasus über den Sinn.

Die Kongruenz von Kasus, Numerus und Genus

Wie nach dem Bisherigen zu erwarten, verlangt das Lateinische auch bei zusammengehörigen Adjektiven und Substantiven die vollständige Übereinstimmung von Kasus, Numerus und Genus, in der Grammatik als ‚KNG-Kongruenz' bezeichnet.

Die Kongruenz ist damit eine große Hilfe beim Verstehen lateinischer Texte. Allerdings setzt sie weitgehend die Kenntnis der Wörter voraus, damit man die vorhandenen Zuordnungen überhaupt erkennt.

Kongruenz: zusammenpassende Wortformen

can**is** mordā**x**	*der/ein bissig**er** Hund **Ø***
seni**bus** cān**īs**	*grauhaarig**en** Greis**en***
mulier**um** bon**ārum**	*schön**er** Frau**en**, der schön**en** Frau**en***

Andererseits aber ist die Kongruenz auch ein mächtiges Werkzeug für lateinische Autoren bei der kunstvollen, intentionsgeleiteten Ausgestaltung ihrer Texte. Und da es diesen Autoren offenbar ein Genuss (oder ein Bedürfnis) ist, die Möglichkeiten der Kongruenz bei der Wortstellung im Satz manchmal bis an die Grenze (oder auch über sie hinaus – wer weiß das?) auszureizen, bleibt das Textverstehen für uns häufig ein geduldiges Nachvollziehen der *Spannungsbögen*, die sich dabei zwangsläufig auftun und oft ein komplexes Geflecht ergeben:

(Fast) jedes Wort im Text eröffnet eine bedeutungsmäßige Leerstelle, der man gegebenenfalls mit der Methode „eins (zwei drei…) im Sinn" nachspüren muss. Dann aber hilft neben unserem Verstand wieder die … Kongruenz.

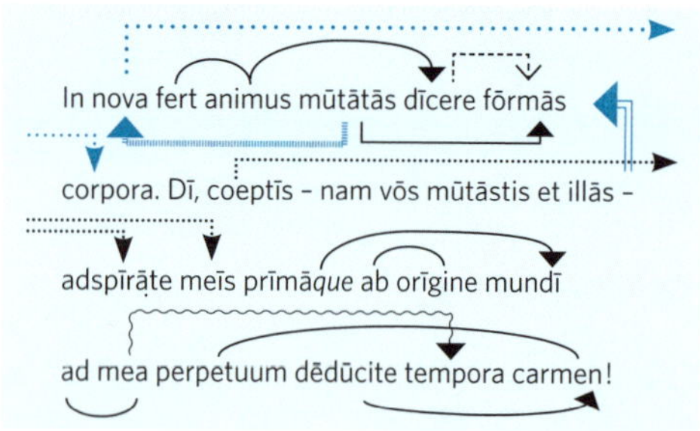

Spannungsbögen, aufgezeigt an den ersten Versen von Ovids *Metamorphosen*: *Von in neue Körper verwandelten Gestalten drängt es mich zu erzählen. Götter, meinem Beginnen – ihr habt ja auch jene verwandelt – steht bei, und vom Uranfang der Welt bis in meine Zeit begleitet mein Lied!*

- Also: Ohne das relativ komplexe Kasussystem des Lateinischen kein derartiges Kongruenzsystem, ohne dieses Kongruenzsystem nicht die mächtigen Stilmöglichkeiten variabler Wortstellung, ohne die variable Wortstellung nicht diese zum großen Teil kunstvollen lateinischen Texte; ohne Kongruenz auch nicht viele ‚typisch lateinische' grammatische Strukturen. Ein *basic Latin* reicht dafür nicht aus. Aber man liest auch keinen Thomas Mann mit *basic German*.

Die grammatischen Domänen der Kasus

Weil im Lateinischen die Grammatik allein durch die Formen viel präsenter ist als in anderen Sprachen, ein paar allgemeine Bemerkungen vorab. Sie sollen dazu verhelfen, gerade auf die wesentlichen Dinge zu achten.

Dazu gehört ganz wesentlich, dass die Kasus im Satz verschiedene Rollen spielen; sie können sein

- auf der Ebene des Satzes *selbständig*

  a) Mitspieler der Verbhandlung (im Verb-Spielplan enthalten), etwa:

Maurice	*zerschmiss*	*das Fenster*	*mit einem Stein.*
Täter (Agens)	**Sinnzentrale**	Objekt	Mittel (Instrument)

  b) Kulissen, situative Einbettung bzw. Umrahmung der Verbhandlung, z. B.:

Claire und Leander trafen sich beide **des Abends bei bester Laune**.

- auf der Ebene von Wortgruppen entweder *kongruierend* oder (seltener) *selbständig*

  a) sinntragender Teil des Prädikats (▶ S. 98),

Juliane	*ist*	*Künstlerin.*	Prädikatsnominativ
Bist	*du*	*des Teufels?*	Prädikatsgenitiv

  b) Attribute zu anderen Nomen:

das Fenster des Nachbarn	*die Tür zum Hof*

Viele Adverbien (▶ S. 28) sehen aus wie Kasus (z. B. **palam** *öffentlich*, **rursus** *zurück, wieder*, **forīs** *draußen*) und sind auch als solche erklärbar (wie z. B. deutsch *des öfteren, eines Tages*). Ihre Rolle auf Satzebene oder Wortgruppenebene wird aber spätestens im Kontext mit den übrigen auftretenden Mitspielern klar.

- Bei der Darstellung der einzelnen Kasus im Folgenden werden zur Veranschaulichung deren mögliche Endungen (Ausgänge) aufgeführt. Daraus aber wird auch deutlich, dass sie keine eindeutige Hilfe beim Erkennen eines Kasus bieten. Das Zeichen Ø („Null") bedeutet: keine Endung.

Außer beim Nominativ ist bei allen Kasus immer eine Wortgruppe aus Präposition und Kasus möglich.

Die Kasus auf Wortgruppenebene

- Als Attribut findet sich hauptsächlich der Genitiv, sehr selten der Ablativ und ganz selten der Dativ. Der Nominativ kann im Fall der ‚Beifügung' (Apposition) ebenfalls Attribut sein („Kaiser Augustus"). Als Attribute mit Präpositionen finden sich nur Ablativ und Akkusativ. Beispiel mit Genitiv: *der Tempel des Jupiter.*
- Im Zusammenspiel mit dem Infinitiv findet sich der Akkusativ in Subjektsrolle: *Akkusativ mit Infinitiv* (▶ S. 143).
- Im Zusammenspiel mit dem Partizip findet sich der Ablativ in Subjektsrolle; *Ablativus absolutus* (▶ S. 135).
- Als Bedeutungsteil eines zusammengesetzten Prädikats (Prädikatsnomen) dient hauptsächlich der Nominativ: *Augustus war römischer Kaiser*, doch auch alle (!) anderen Kasus können diese Aufgabe übernehmen.

Die Kasus auf Satzebene

Die Kasus als Satzglieder spielen im Lateinischen ihre Rollen in folgender recht klarer Rangordnung:

- Subjekt ist immer nur der Nominativ;
- als Objekt dient zunächst und zumeist der Akkusativ; danach kommt der Dativ, sehr selten der Genitiv und ebenfalls sehr selten der Ablativ;
- In der Rolle einer adverbialen Angabe finden sich im Lateinischen vorwiegend der Akkusativ mit Präposition, es folgt der Ablativ, darauf der Akkusativ ohne Präposition, sehr selten kommt der Genitiv vor. Der Dativ ist sehr häufig in seiner Rolle nicht festzulegen.

Der Nominativ

Signale:

Sg.	Ø	**-us**	**-um**	**-ū**	**-a**	**-s** (-x)	**-ēs**
Pl.	**-ī**	**-a**	**-ae**	**-ēs**			Ø ≈ Null

Hauptsächlich sehr viele Substantive der gemischten Deklination enden im Singular auf Ø (**sōl** *Sonne*, **homō** *Mensch, Mann*). Gut erkennbar sind bestimmte wiederkehrende Wortbildungselemente wie **-tās, -tūdō, -tūs, -tiō, -tor, -or**.

Die Neutra, außer denen auf **-um**, enden im Nominativ Singular ebenfalls auf Ø und können ganz verschieden aussehen; häufige Ausgänge sind **-us, -men**, bei Adjektiven **-e** (**breve**); andere Beispiele: **caput** (*Haupt*), **cor** (*Herz*), **mel** (*Honig*), **rōbur** (*Kraft*). Adjektive wie **audāx** (*kühn*) oder **legēns** (*lesend*) können in dieser Form auch Neutrum (und damit auch Akkusativ) sein!

Der Nominativ tritt auf als

Subjekt | Prädikatsergänzung beim Verb | Anrede

1. Hauptaufgabe des Nominativs: Subjekt

Die Rolle des Nominativs entspricht derjenigen im Deutschen. Er ist als Kasus des Subjekts der am engsten mit dem Prädikat kooperierende Kasus; er bezeichnet in einer Äußerung den Ausgangspunkt der Beschreibung einer Handlung.

Mit der Wahl des Subjekts trifft der Sprecher/Autor weitreichende Entscheidungen für die Satzstruktur (Aktiv - Passiv).

Hinsichtlich seiner semantischen (bedeutungsmäßigen) Rolle ist der Nominativ nicht festgelegt - vom ‚Täter' (*X schreibt*) über den ‚Empfänger' (*X erhält*) zum ‚Grund' (*X löst … aus*), vom ‚Ort' (*X enthält*) oder ‚Mittel' (*das Messer schneidet*) bis zum ‚Betroffenen' (*X wird erzogen*) u. a. m. kommt prinzipiell alles in Frage.

Puer mātūrē dentiit.	*Der Knabe bekam früh Zähne (zahnte …).*
Ad rīvum eundem **lupus et āgnus** vēnerant.	*An dasselbe Ufer kamen einmal Wolf und Lamm (waren … gekommen).*
Tempora mūtantur, **nōs** et mūtāmur in illīs.	*Die Zeiten ändern sich, und wir ändern uns mit ihnen.*
Ventus, quī circā arborem finditur, sībilat.	*Der Wind, der sich um den Baum herum teilt, pfeift.*

In literarischer Sprache kann die Passivperspektive die Personifikation des Subjekts bedeuten:

Serae clausēre omnēs domōs.	*Die Riegel verschlossen alle Häuser.*
Dichterisch statt: Omnēs domūs **serīs** clausae sunt.	*Alle Häuser wurden durch Riegel verschlossen.*

2. Der Nominativ als Prädikatsergänzung

In dieser Funktion kongruiert der Nominativ als Prädikatsnomen mit dem Subjekt (▶ S. 99); in den Beispielen hier zeigt sich nochmals die Kongruenz:

Ille lapis **māgnēs appellātus est** ab inventore.	*Dieser Stein wurde von seinem Finder Magnet genannt.*
Hērēdis **flētus** sub persōnā **rīsus est**.	*Des Erben Weinen ist Lachen unter der Maske.*

Bei Verben mit der Bedeutung *machen zu...* ist zu beachten, dass das Prädikatsnomen im Deutschen mit einer Präposition wie *zu* versehen werden muss:

Cincinnātus **dictātor** cōnsēnsū omnium **dictus est**.	*Cincinnatus wurde mit Zustimmung aller zum Diktator bestimmt.*

3. Außerdem

Der Nominativ dient auch als Anredeform, wenn kein Vokativ (wie bei **ō Brūte!** *o Brutus!* oder **fīlius - mī fīlī!** *mein Sohn!*) vorhanden ist:

Propitiī sītis, ō **dī immortālēs**! *Bitte, seid huldvoll, ihr unsterblichen Götter!*

Der Akkusativ

Signale:

Sg.	**-um**	**-am**	**-em**	**-im**	**ø**
Pl.	**-ōs**	**-ās**	**-ēs**	**-īs**	**-a** (-i**a**)

Alle Neutra enden im Plural ohne Ausnahme auf -a (-ia). Der Akkusativ lautet bei ihnen immer wie der Nominativ. Sonst sind typisch im Singular das **-m** und im Plural der lange Vokal vor **-s**. (Allerdings wird die Länge in gedruckten Texten in der Regel nicht bezeichnet.)

! Der Akkusativ begegnet entweder als reiner Kasus oder begleitet von Präpositionen. Manchmal ist das Eine gegen das Andere austauschbar, grundsätzlich kann ein präpositionaler Akkusativ auch für einen anderen Kasus stehen.

Der Akkusativ tritt auf als		
1. Objekt	Kasus mit Präposition	AcI-Subjekt
Ergänzung zum Adjektiv	Prädikatsergänzung beim Verb	2. Objekt

1. Hauptaufgabe des Akkusativs: Objekt

Ist am Handlungsgeschehen neben dem Subjekt ein weiterer Mitspieler beteiligt, tritt dieser in der überwiegenden Zahl der Fälle als (direktes) Objekt auf.

Der im Lateinischen wie im Deutschen dafür reservierte Kasus ist der Akkusativ.

Das direkte Objekt wirkt besonders auf die konkrete Bedeutung ein, die das jeweilige Prädikat hat. Ein besonders eindrückliches Beispiel dafür ist das Verb **colere** (**coluī**, **cultum**).

Natürlich ist in jedem der aufgeführten Beispiele kontextuell ein jeweils anderes Subjekt zu erwarten, etwa vom **rūsticus**, dem *Bauern*, bis zur **virgō**, der *jungen Frau*.

Im Fall des Beispiels colere ergibt sich bei verschiedenen Objekten:

colere		
urbem *in der Stadt wohnen*	**hortum** *einen Garten bestellen*	**vītēs** *Reben anbauen*
mīlitēs *Soldaten versorgen*	**corpus** *den Körper pflegen*	**studia** *Studien betreiben*
Cererem (deam) *Ceres* (Göttin) *verehren*	**sacra** *Opfer feiern*	u. a. m.

In Sätzen mit Akkusativobjekt (dies gilt aber nicht einschränkungslos für jeden Akkusativ, ▶ S. 102) sind überdies Subjekt-Nominativ und Objekt-Akkusativ über den Weg der Aktiv-Passiv-Wahl sehr oft – je nach Absicht des Sprechers – miteinander austauschbar. Die anderen Kasus im Satz behalten dabei ihre Funktion – das Akkusativobjekt spielt also im Vergleich zu ihnen eine besondere Rolle.

a) In den weitaus überwiegenden Fällen liegen die lateinischen und deutschen Verben beim Akkusativ parallel:

Ipse trucem hostem ictū cōnfēcit... et... augēbat fidūciam mīlitis.	*Persönlich brachte er einen ungestümen Feind mit einem Hieb um und vermehrte so das Vertrauen des gemeinen Soldaten.*

b) Häufiger als im Deutschen begegnet ein sog. inneres Objekt, das sozusagen aus dem Verb herausgezogen wird und seiner Bedeutung z. B. einen pathetischen Anstrich geben kann:

Māgnā vōce iūrāvī vērissimum iūsiūrandum.	*Mit fester Stimme schwor ich einen tief aufrichtigen Eid.*

c) Bei manchen Verben verwendet das Deutsche jedoch keinen Akkusativ, sondern einen Dativ oder eine Präposition + Kasus (Präpositionalobjekt); lassen Sie sich wie immer vom Sinn des Verbs leiten:

Fortēs fortūna adiuvat.	*Den Tüchtigen hilft das Glück.*
Īnsāniam tuam, quōquō tē dūxerit, sequeris.	*Du folgst deinem Wahnsinn, egal wohin er dich führt.*
Hostēs rēs frūmentāria dēficere coepit.	*Den Feinden begann das Getreide zu fehlen.*
Cerva fugit lupum.	*Die Hirschkuh flieht vor dem Wolf.*
Aber: Optimī īgnōminiam fugiunt.	*Die besten Charaktere fliehen ≈ meiden die Schande.*
Cavē canem!	*Hüte dich vor dem Hund!*
Amnis moenia praeterfluit.	*Der Fluss fließt an den Stadtmauern entlang.*

d) Bei Verben, die ein Objekt in Form eines Dativs, Ablativs oder eines Kasus mit Präposition haben, tritt dieses Objekt in den Akkusativ, wenn seine Stelle von einem Pronomen im Neutrum besetzt wird:

litterīs studeō	*ich treibe Wissenschaft*	**hoc ūnum** studeō	*nur damit befasse ich mich*
dē tuā voluntāte dubitō	*ich zweifle an deinem Willen*	**id dubitō**	*daran zweifle ich*
victōriā glōriātī sunt	*sie rühmten sich des Sieges*	**illud** glōriātī sunt	*sie rühmten sich dessen*

In dieser Form, d. h. mit einem Pronomen als Subjekt (meist im Plural), ist auch ein Passiv möglich:

tālia dubitārī possunt	*derlei kann bezweifelt werden*

e) Einzelne Verben aus den Bereichen *lehren, fordern, verheimlichen, fragen* haben zwei Objekte im Akkusativ; der zweite Akkusativ bezeichnet direkt den gemeinten Inhalt des Verbs; diese Struktur findet sich auch im Deutschen:

Rhētorēs Graecī **Rōmānōs artem ōrātōriam** docuērunt.	*Griechische Rhetoren lehrten die Römer die Redekunst.*
Deī **hominēs rēs futūrās** celant.	*Die Götter verheimlichen den Menschen die Zukunft.*
(formelhafte Wendung im Senat:) „Dīc“, inquit eī, **quem** prīmum **sententiam** rogābat, „quid cēnsēs?“	*„Sag“, sprach er zu dem, den er als Ersten nach seiner Meinung fragte, „was meinst du?“*

f) Bei bestimmten Bewegungsverben enthält der zweite Akkusativ eine Orts- bzw. Zielangabe:

Equitum māgnam partem Caesar **flūmen traiēcit**.	*Einen großen Teil der Reiterei führte Caesar über den Fluss.*

▶ S. 95 zu Passivausdrücken dieser Verben.

g) Bei Verben der Bewegung gibt der Akkusativ das Richtungziel an, allerdings nur im Falle von Ortsnamen (Städten und kleinen Inseln) sowie bei den Akkusativen **domum** *nach Hause* und **rūs** *aufs Land*; im Deutschen ist je nach Verb ggf. auch mit *in + Dativ* zu übersetzen (zum Startpunkt im Ablativ ▶ S. 125):

Rōmam, **Corinthum**, **Athēnās**, **Puteolōs**, **Liparam** proficīscī, venīre u. a.	*nach Rom, Korinth, Athen, Pozzuoli, Lipari aufbrechen, kommen* u. a.
Antium urbem **advēnērunt**	*sie kamen in der Stadt Antium an*
domum petere	*nach Hause eilen*
aber: **in domum** inīre	*in das Haus hineingehen*
Rōmae coēmpta pōma **rūs** intulērunt.	*Die in Rom aufgekauften Äpfel brachten sie aufs Land.*

2. Der Akkusativ als Ergänzung zu Adjektiven

a) Ganz wie im Deutschen bezeichnet der Akkusativ eine räumliche oder zeitliche Strecke oder Entfernung. Solche Angaben treten, wie zu erwarten, nicht nur bei Verben, sondern genauso bei Adjektiven mit entsprechender Bedeutung auf:

Annōs iam trīgintā in forō **versāris**.	*Schon dreißig Jahre bist du in der Politik aktiv.*

Perpetuae fossae **quīnōs pedēs altae** dūcēbantur.	*Durchgehende fünf Fuß tiefe Gräben wurden gezogen.*
duodēvīgintī **annōs nātus/nāta**	*achtzehn Jahre alt*

b) Gelegentlich bezeichnet der Akkusativ das Element, von dem ein Adjektiv, aber auch einem Partizip VZ Passiv, ein Merkmal bezeichnet:

Apud Germānōs fēminae **nūdae** sunt **bracchia et lacertōs**.	*Bei den Germanen sind die Frauen an Unter- und Oberarmen nackt.*
Hannibal ipse **femur** trāgulā graviter **ictus** cecidit.	*Hannibal selbst stürzte, am Oberschenkel von einem Wurfspieß schwer getroffen.*

3. Der Akkusativ als Prädikatsergänzung

Zu dieser Funktion des Akkusativs ▶ S. 98:

Singulās **stēllās** numerātis **deōs**.	*Einzelne Sterne zählt ihr zu den Göttern.*

4. Der Akkusativ mit Präpositionen

Gleich wichtige Aufgaben wie als Kasus des direkten Objekts erfüllt der Akkusativ als Kasus bei Präpositionen; die meisten Präpositionen begleiten diesen Kasus, z. B.:

ad	ante	apud	contrā	inter
zu, nach, an	*vor*	*bei*	*gegen*	*zwischen*
per	post	propter	secundum	trāns
durch, wegen	*hinter, nach*	*wegen*	*entsprechend*	*über … hin*

5. Der Akkusativ in Subjektsrolle

In der im Lateinischen weit verbreiteten Struktur des Akkusativs mit Infinitiv (AcI) übernimmt der Akkusativ dem Sinn nach die Rolle des Subjekts; Genaueres im entsprechenden Abschnitt (▶ S. 143).

6. Außerdem

Während der Nominativ wie im Deutschen der direkten Anrede dient, findet sich der Akkusativ zur Bezeichnung eines klagenden, verwunderten oder preisenden Ausrufs, der auf eine Person oder Sache zielt:

Ō tē cerebrī fēlīcem! *O du Glücklicher mit deinem Superhirn!*
Ō incrēdibilem audāciam! *O diese unglaubliche Frechheit!*

Der Dativ

Signale:

Sg.	**-ō**	**-ae**	**-ī**	**-eī**	**-uī, -ū**
Pl.	**-īs**	**-ibus**			

Der Dativ begegnet immer nur als reiner Kasus, anders als im Deutschen *nie* mit Präpositionen. In manchen Fällen ist ein Dativ aber mit einem präpositionalen Akkusativ (gelegentlich auch Ablativ) austauschbar.

Der Dativ tritt auf als

1. Objekt | 2. Objekt | Ergänzung zum Adjektiv

Prädikatsergänzung beim Verb | mit esse: „haben“ | Attribut

1. Hauptaufgabe des Dativs: Objekt

a) Tritt zum Subjekt ein weiterer Mitspieler, dessen Rolle bei der Aktiv-Passiv-Wahl als *nicht umkehrbar* mit der Rolle des Subjekts aufgefasst wird, erscheint dieser im Lateinischen wie im Deutschen hauptsächlich in der Form des Dativobjekts. Auch auf diesem Feld sind die beiden Sprachen zwar weitgehend, aber – wie zu erwarten – nicht immer deckungsgleich.

Prägen Sie sich ein, dass im Deutschen als Übersetzung also ggf. der Dativ oder Akkusativ, häufig aber auch eine Präposition + Kasus, insbesondere *für* und *zu* in Frage kommen.

Portus patet **praedōnibus**. *Der Hafen steht den Seeräubern offen.*
Temeritās nostra nōn sōlum **nōbīs**, sed etiam **reī pūblicae** nocet. *Unsere Unbesonnenheit schadet nicht nur uns, sondern auch dem Staat.*
Dī immortālēs **mortālibus** īrāscī cōnsuēvērunt. *Die unsterblichen Götter pflegen den Sterblichen zu zürnen.*

b) Bei zahlreichen Verben sieht das Lateinische (Dativ) die Verhältnisse anders als das Deutsche (Akkusativ), etwa:

Etruscārum cīvitātium aliae Sullae, aliae Mariō favēbant.	*Ein Teil der etruskischen Städte favorisierte Sulla, ein anderer Marius.*
Aliī medicī morbīs, aliī oculīs medentur.	*Die einen Ärzte heilen Krankheiten, andere die Augen.*

Weitere wichtige Verben aus dieser Gruppe:

> **studēre** *sich um etw. bemühen, etw. betreiben*; **invidēre** *beneiden*; **parcere** *schonen*; **persuādēre** *überreden, überzeugen* (u. a. m.)

c) Eine Reihe Verben tritt entweder mit Akkusativ- oder mit Dativobjekt auf; dem liegen jeweils unterschiedliche Bedeutungen zugrunde, die in der Regel bekannt sein müssen, damit man die Äußerung versteht (natürlich weist auch hier die Sinnkontrolle am Kontext zumindest auf ein Fehlverständnis):

perīculum, hostēs **metuere/timēre**	*eine Gefahr, Feinde fürchten*
vītae, salūtī **metuere/timēre**	*um/für das Leben, das Heil fürchten*
rēs futūrās **prōvidēre**	*die Zukunft vorhersehen*
omnibus rēbus **prōvidēre**	*für alle Dinge Vorsorge treffen*
frūmentum cōpiīs **prōvidēre**	*im Voraus Getreide für die Truppen besorgen*

Außerdem (Akk./Dat.):

> **cavēre** *sich hüten vor/Vorsorge treffen für*; **cōnsulere** *um Rat fragen/für jd. sorgen*; **temperāre** *ordnen/mäßigen*; wie **prōvidēre** auch **prōspicere**.

d) Sieht der Spielplan eines Verbs - neben dem Subjekt - über ein Akkusativobjekt hinaus eine weitere Rolle vor, wird diese ebenfalls wie im Deutschen zumeist von einem Dativ besetzt; dies ist der Fall etwa bei Verben des *Gebens* und *Nehmens*, des *Mitteilens* usw.:

Tibi haec **dīcō**.	*Das sage ich dir/zu dir.*
Rūsticus Cererī āgnum **immolāvit**.	*Der Bauer opferte Ceres ein Lamm.*

Rechnen Sie grundsätzlich mit fachsprachlichen oder ‚idiomatischen' (für eine Sprache eigentümlichen) Wendungen, z. B. **causa** *Sache, Grund, Ursache* ⇛ *Prozess*, **causam dīcere amīcō** *für einen Parteifreund ein*

Plädoyer halten (statt des ohne Kontext grundsätzlich möglichen *„dem Freund einen Grund sagen"*). Im Zweifelsfall also besser das Wörterbuch konsultieren!

e) Der Dativ kann auch in einer weniger festen, semantisch (bedeutungsmäßig) nicht direkt vom Verb gesteuerten Beziehung zu diesem vorkommen: erinnern wir uns daran, dass es der Sprecher/Autor ist, der im Spielplan Regie führt. Er verfügt damit über die Möglichkeit, über die unmittelbar beteiligten Mitspieler an einem Geschehen hinaus weitere Personen bzw. Sachen in das Geschehen sozusagen hereinzuholen. Sinn: Das Geschehen z. B. auf auf eine bestimmte Person/Sache zu beziehen oder deren Blickrichtung einzunehmen. Im Deutschen benutzen wir dazu ebenfalls den Dativ (jedoch seltener: *Komm du mir nach Hause!*) oder eine Präposition + Kasus, meist *für*:

Nōn **vītae**, sed **scholae** discimus.	*Nicht für das Leben, für die Schule lernen wir* (so im Original bei Seneca).
Nōn **tibī sōlī** nātus (-a) es.	*Du bist nicht für dich allein geboren.*
Messāna portus est prīmus Siciliae **venientibus** ā Bruttiīs.	*Messina ist der erste Hafen Siziliens für diejenigen, die aus Bruttium kommen.*
In universum **aestimantī** plūs penes peditem roboris [est].	*Wenn man im Ganzen abwägt, so liegt mehr Effizienz beim Fußsoldaten.*
Tū **mihi** istum dēfendis?	*Du verteidigst mir den da?*

2. Der Dativ als Ergänzung zu Adjektiven

Wie im Deutschen steuern verschiedene Adjektive den Dativ, wenn die formulierte Eigenschaft auf einen weiteren Mitspieler bezogen wird. Im Deutschen steht, wie schon bekannt, meist ebenfalls der Dativ oder eine Präposition + Kasus:

iūcundus, -a, -um *angenehm, interessant*; **perniciōsus, -a, -um** *riskant, schädlich*; **aptus, -a, -um** *geeignet*; **ūtilis, -e** *nützlich*; **familiāris, -e** *vertraut*; **necessārius, -a, -um** *notwendig*; **sacer, -cra, -crum** *geweiht*; **similis, -e** *ähnlich*; u. a. m.

Hierbei kann dann natürlich auch ein Adverb Auslöser des Dativs sein:

congruenter nātūrae vīvere - *in Übereinstimmung mit der Natur leben*

Einzelne Adjektive wie **similis,-e** (s. o.) oder **superstes** (-stitis) *überlebend* drücken den Mitspieler ohne Bedeutungsnuance im Dativ oder Genitiv aus. Achten Sie also immer auf die Kasus, aber lassen Sie sich nicht irritieren, wenn Sie einmal einen anderen Kasus als den vielleicht erwarteten finden und der Sinn „trotzdem“ passt.

3. Der Dativ als Prädikatselement

Auch der Dativ kann als Sinnelement des Prädikats (als Prädikatsnomen) auftreten. Dabei steht er nicht in Kongruenz mit einem anderen Wort des Satzes. Solche Prädikatsausdrücke können sich auf das Subjekt oder auf das Objekt beziehen.

a) Auf das Subjekt bezogen - normalerweise zusammen mit **esse** (*sein*):

gaudiō esse *Freude machen*; **odiō esse** *verhasst sein*; **impedimentō esse** *hinderlich sein*; **praesidiō esse** *sich als hilfreich erweisen, als Schutz dienen*; **ūsuī esse** *nützlich sein, nützen*; **cordī esse** *am Herzen liegen*; **laudī esse** *lobenswert sein*; **documentō esse** *beweisen*; u. a. m.

b) Wo jemand/etwas von einem solchen Geschehen betroffen ist, tritt dieser/dieses ebenfalls im Dativ auf:

Cuī bonō hoc est?	*Wem dient das zum Vorteil? Wer hat einen Vorteil dabei?*
(Caesar als Eroberer:) Amīcitia populī Rōmānī **vōbīs** ōrnāmentō et praesidiō, nōn dētrīmentō esse oportet.	*Die Freundschaft des römischen Volkes soll euch zieren und schützen, nicht zum Schaden gereichen.*
Serpentēs **mihi** odiō sunt.	*Ich hasse Schlangen.*
Tamdiū **vōbīs** cordī sumus, quamdiū ūsuī.	*Wir sind euch solange lieb, wie wir euch nützlich sind.*

c) Auf das Objekt bezogen; der Dativ lässt sich zumeist mit Präpositionen wie *zu* oder *für* wiedergeben:

auxiliō mittere, arcessere *zu Hilfe schicken, holen*; **honōrī dūcere** *für ehrenvoll halten*; **quaestuī habēre** *als Einnahmequelle betrachten*, (negativ:) *schröpfen*; **laudī vertere** *als lobenswert anrechnen*; **domiciliō dēligere** *zum Wohnsitz wählen*; u. a. m.

Caesar illōs cāstigāvit, quod equitēs quaestuī habērent.	*Caesar kritisierte sie* (zwei Galllier) *scharf, dass sie* (durch Soldunterschlagung) *mit den Reitern ihr Geschäft gemacht hätten.*

Auch bei Wendungen wie **receptuī canere** *zum Rückzug blasen* definiert der Dativ den Sinn des Verbs: *per Trompetensignal den Rückzug befehlen.* **Canere versūs** (Akk.) heißt *Verse singen*, **canere surdīs auribus** (Dat.) *tauben Ohren „predigen".*

4. Sein und Haben

Die für das Standarddeutsche ungewöhnliche Kombination aus **esse** *sein* und Dativ bedeutet *haben* (▶ S. 57). Diese überaus wichtige Wendung sollten Sie gedanklich stets parat haben!

5. Der Dativ als Attribut

Hin und wieder stößt man auf einen Dativ in der Rolle eines Attributs zu einem anderen Nomen; den Sinn trifft man hier wieder, wenn man deutsch ein *zu* ansetzt:

locus urbī condendae *ein Platz zur Stadtgründung*; **comitia cēnsōribus creandīs** *Volksversammlung zur Zensorenwahl*; **decemvirī lēgibus scrībundīs** *Zehnmännerkollegium zur Gesetzesformulierung*; **receptuī sīgnum dare** *das Zeichen zum Rückzug geben*

6. Außerdem

a) Mehr Gewicht bekommt ein Mitspieler, wenn er vom Sprecher im Dativ statt im Genitiv eingebracht wird (hier statt: *vor die Füße des Richters*):

Iūdicī ad pedēs misera iacuit.	*Die Unglückliche warf sich dem Richter zu Füßen.*

b) Im Lateinischen ist ein Dativ vielfach mit **ad** + Akkusativ austauschbar (**scrībō amīcō - scrībō ad amīcum**). Bisweilen kann man einem Dativ begegnen, der die normale Ausdrucksweise mit **ad** + Akk. im Sinne der literarischen Kunstsprache (▶ S. 7) durch einen Dativ „überkorrigiert" (hier also statt **ad caelum**):

It clāmor **caelō**.	*Ein Lärm steigt zum Himmel hinan.*

c) Bei einem Verb wie **adesse** *dasein* findet sich der Dativ zur Bezeichnung eines Ortes. Wie immer ist dabei im Zusammenhang auf Sinnvarianten zu achten:

ad portam adsum	*ich bin an der Tür*

urbī adesse	*sich vor der Stadt befinden*
convīviō adesse	*an einem Gastmahl teilnehmen*
amīcō adesse	*einem Freund beistehen, helfen*

Der Genitiv

Signale:

Sg.	**-ī**	**-ae**	**-ĭs**	-ūs	-eī	**-īus***
Pl.	**-ōrum**	**-ārum**	**-um, -ium**	**-ērum**	*Pronomina	

Der Genitiv ist im Lateinischen vielfach mit einem präpositionalen, bisweilen auch einem anderen reinen Kasus austauschbar.

Der Genitiv begegnet deutlich häufiger als im Deutschen. Er wird *nie* von einer Präposition begleitet, jedoch gibt es einige *nachgestellte* Verhältniswörter (sog. Postpositionen).

Der Genitiv tritt auf als

Attribut | Ergänzung Zum Adjektiv | 1. Objekt

Prädikatsergänzung beim Verb | 2. Objekt | Ortsangabe (Lokativ)

Damit Sie mit dem lateinischen Genitiv sachgerecht und flexibel umgehen können, sollten Sie seine grundsätzlich möglichen deutschen Entsprechungen v. a. bei der Rolle als Attribut stets parat haben. Diese sind:

deutscher Genitiv	*von* + Dativ	*aufseiten, vonseiten seitens* + Genitiv
Außerdem kann eine Wortzusammensetzung sinnvoll sein, z. B.: **perīculum capitis** – *Lebensgefahr („Gefahr für den Kopf ≈ Leben")* **maris pōma** – *Meeresfrüchte.*		

1. Hauptaufgabe des Genitivs: Attribut

a) Wie im Deutschen dient der Genitiv dazu, ein anderes Nomen (oder an dessen Stelle ein Adverb) in der Bedeutung genauer zu definieren, etwa: *die Vorkommnisse des letzten Jahres* oder: *die Schwestern meiner Tante*. Semantisch (bedeutungsmäßig) gibt es gegenüber dem Deutschen keine Unterschiede:

fīlius **Cicerōnis**	*Ciceros Sohn, der Sohn von Cicero*
Graecōrum philosophī	*die Philosophen der Griechen*
imprūdentia **hominum**	*die Unvorsichtigkeit der/seitens der Menschen*
casae **pauperum**	*die Hütten der/von Armen*

Bei manchen Verbindungen mit einem Genitiv können mehrdeutige Äußerungen entstehen:

Octāviae imāginēs gestant umerīs.	*Sie tragen Bilder der Octavia auf den Schultern.*

Ob *Bilder, die Octavia darstellen,* oder solche, *die Octavia gehören,* oder solche, *die Octavia gemalt hat,* gemeint sind, klärt der Zusammenhang bzw. das Leserwissen über die Person der Octavia.

b) Der Genitiv ist bei uns in manchen Bereichen seltener oder auch gar nicht vertreten; insbesondere gilt das für die Fälle, wo der lateinische Genitiv die Gesamtmenge einer Teilmenge bezeichnet, u. a. auch beim Superlativ:

cōpia **frūmentī**	*eine Menge Getreide*
multum **vīnī**	*viel Wein, viel an Wein*
Iūris **perītōrum** ēloquentissimus Scaevola putātur.	*Man hält Scaevola für den redegewandtesten unter den Rechtskundigen.*

c) Sehr beliebt ist es im Lateinischen, ein selbständiges Pronomen im Neutrum mit einem Begriff im Genitiv zu verbinden; hier ist **quantum** dieses Pronomen:

Di bonī, **quantum hominum** ūnus venter exercet!	*Gute Götter, wieviele Menschen hält ein Bauch in Trab!* (d. h. Köche, Sklaven und der Bauch des reichen Schlemmers)

Ähnliche Wendungen: **aliquid novī** *etwas Neues*, **nihil iūcundī** *nichts Erfreuliches*, **quid āthlētārum** *was alles für Sportler*, **id honōris** *ein solches Maß an Ehre* usw.

Als Alternative zum Genitiv finden sich hier auch Wendungen mit den Präpositionen **ē/ex** und **dē**: **complūrēs ex amīcīs** *mehrere von den Freunden*; **ūnus dē multīs** *einer von vielen*.

d) Steht der Genitiv weiter von seinem Basiswort entfernt, eröffnet sich ein Spannungsbogen, der die Form einer Klammer um Zusammengehöriges annehmen kann (sog. Klammerstellung; zweite Klammer hier **hanc** *diese*):

Suscēpistī ⌈ ⌈hanc **Acadēmicōrum** ⌈contrā propositum disputandī⌋ **cōnsuētūdinem**⌋ ⌋.	*Du hast diese Gewohnheit der Akademiker des Gegen-eine-These-Disputierens übernommen.*

e) Besitzt ein Substantiv einen verbalen Inhalt, d. h. drückt es eine Handlung oder eine Empfindung aus, kann ein beigefügter Genitiv in „theoretisch“ (d. h. nur in einem Text ohne Sinn) mehrdeutiger Weise entweder den *Urheber* (‚Agens‘, Subjekt) oder das *Ziel* (Objekt) dieser Handlung/Empfindung bezeichnen vgl. etwa: *die Verleumdung des Gemüsehändlers, die Anklage eines Politikers.* Ein solcher Genitiv, der das Objekt eines Substantivs mit derartigem verbalen Inhalt bezeichnet, findet sich im Lateinischen häufiger:

[Aegrōtātiōnēs nōnnūllae] nāscī putantur a metū, ut **odium mulierum**, ut **in** hominum **ūniversum genus**.	*[Manche psychischen Defekte], meint man, entstehen aus Furcht, so wie der Hass auf Frauen oder auf die gesamte Menschheit.*

Im Beispiel zeigt außer dem Kontext das zweite Element mit der Präposition in, dass der Hass auf *Frauen gerichtet ist* (die Frauen sind Objekt des Hasses), nicht von ihnen ausgeht (die Frauen wären dann Subjekt des Hasses). Übrigens finden sich auch auf lateinisch solche präpositionalen Ausdrücke häufiger als Genitive.

2. Der Genitiv im Sinnbereich von Verben

a) Wie im Deutschen (wo der Gebrauch allerdings stark stilabhängig ist) finden sich bei verschiedenen Verben Genitive als erstes Objekt oder als zweite Ergänzung, wenn das erste Objekt ein Akkusativ ist. Auch im Lateinischen sind dies Verben des Sich-Erinnerns, Vergessens, Mitleidens, des Nicht-Habens und der Gerichtswelt:

Possum egō **nātūrae** nōn **meminisse** tuae?	*Kann ich mich deiner Schönheit nicht erinnern?*
Miserēminī familiae, iūdicēs, **miserēminī patris**!	*Erbarmt euch der Familie, ihr Herren Richter, erbarmt euch des Vaters!*
Hominem laudem **egentem virtūtis**?	*Einen Mann soll ich loben, der keinen Charakter hat („jedes Charakters entbehrt")?*
Admonēbat (Catilīna) alium **egestātis**, alium **cupiditātis** suae.	*Catilina erinnerte den einen an seine Armut, den anderen an seine Geldgier.*
Tē convincō nōn **inhumānitātis** sōlum, sed etiam **āmentiae**.	*Ich überführe dich nicht nur der Brutalität, sondern auch der Geistlosigkeit.*

Bei diesen Verben finden sich aber auch der Akkusativ oder Ausdrücke mit Präposition (z. B. je nach Fall **dē** + Abl., **praeter** + Akk.). Im Deutschen zieht man heute ebenfalls meist Präpositionen vor (*habt Erbarmen mit* ... u. a.).

b) Auch bei einigen unpersönlichen Verben findet sich der Genitiv als zweite Ergänzung. Es handelt sich um die Ausdrücke **piget** *es verdrießt*; **pudet** *es beschämt*; **paenitet** *es reut*; **taedet** *es ekelt*; **miseret** *es tut leid*. Die betroffene Person steht im Akkusativ, im Deutschen wird in der Regel anders formuliert, etwa:

Mē nōn sōlum **piget stultitiae** meae, sed etiam **pudet**.	*Mich nervt meine Dummheit nicht nur, ich schäme mich auch dafür.*

3. Der Genitiv als Ergänzung zu Adjektiven

Etliche Adjektive richten sich aufgrund ihrer Bedeutung wie die oben besprochenen Verben ebenfalls auf beteiligte Personen oder Dinge. Gleich den Verben erscheinen diese Mitspieler im Genitiv, oft aber auch in einem anderen Kasus wie dem Dativ, dem Ablativ, auch mit Präposition + Kasus. Im Deutschen gehört zu dieser Gruppe etwa das Adjektiv *überdrüssig* (*des Wartens überdrüssig*). Beispiele:

argentī cupidus (-a) *geldgierig*; **memor temporum antīquōrum** *an die alten Zeiten denkend*; **litterārum studiōsus (-a)** *sich mit Wissenschaft befassend*; **scrībendī perītus (-a)** *des Schreibens kundig, schreibkundig*; **mentis inops** *arm an Verstand*; **amphora vīnī plēna** *eine mit Wein volle Amphore*; **Graecī sermōnis expers** *der griechischen Sprache unkundig*; **terra frūctuum fertilis** *Land reich an Erträgen*; u. a. m.

Mit Genitiv finden sich auch einige Partizipien, z. B. **fugiēns labōris** *arbeitsscheu*; **officiī neglegēns** *pflichtvergessen („der Pflicht nicht achtend")*.

4. Der Genitiv als Prädikatselement

Auch der Genitiv kann als Bedeutungsteil des Prädikats (als Prädikatsnomen) dienen. Je nach Fall wird er von einem Attribut begleitet oder nicht und ist entweder auf das Subjekt oder auf das Objekt bezogen. Das Bedeutungsfeld umfasst besonders zusammen mit **esse** (*sein*) die Bezeichnung einer Eigenschaft, einer Menge, einer Zugehörigkeit oder eines Besitzers, zusammen mit Verben des Einschätzens oder des Kaufens die Bezeichnung eines Wertes:

Catō māgnae **ēloquentiae erat**.	*Cato verfügte über große Eloquenz.*
Illa rēs eximiī **est mōmentī**.	*Diese Sache ist von ausnehmender Bedeutung.*
Messalīna singulāris **fōrmōsitātis habēbātur**.	*Messalina galt als (Frau) von einzigartiger Schönheit.*
Praeter arcem omnia **hostium erant**.	*Außer dem Burgberg war alles im Besitz/in der Hand der Feinde.*
Ars enim **eārum rērum est**, quae sciuntur.	*Kunstfertigkeit gehört in den Bereich der Dinge, die man durch Wissen beherrscht.*
Cūiusvīs hominis est errāre.	*Jedem Menschen ist es eigen zu irren.*
Id **īnsipientis** dēbet dūcī.	*Das muss man als Zeichen für einen Dummkopf halten.*

Für **esse** kann auch **fierī** (*werden*), der dynamische Aspekt, eintreten; im folgenden ein Beispiel im AcI (▶ S. 143):

Nē tu illum agrum sīveris **fierī fīliī** tuī.	*Lass nicht zu, dass dieser Acker Besitz deines Sohnes wird.*

Merken Sie sich als Faustformel für viele Fälle dieser Art die Übersetzung *es ist (scheint, ...) Merkmal, Zeichen, Gewohnheit, Pflicht von jemand/etwas; es zeugt von..., beweist...* u. ä. Wichtig ist die semantische (bedeutungsmäßige) Beziehung zwischen dem Element im Genitiv und dem Subjekt bzw. Objekt.

Im Genitiv als Wertangabe treten nur einige Adjektive auf, die allgemeine Mengenangaben bezeichnen, z. B. bei **esse/fierī** (*sein/werden*) oder im Ausdruck

minimī aestimāre, **putāre**, **dūcere** *als sehr gering einschätzen, für sehr gering halten* u. a. Weitere Adjektive sind z. B. **māgnī** (*hoch*), **parvī** (*gering*), **nihilī** (*für nichts*), **quantī** (*wie viel*), **tantī** (*so viel*) u. a. m.

Bei Verben wie **vēndere, emere, condūcere** *für sehr wenig verkaufen, kaufen, mieten* finden sich solche Adjektive teils als Genitive (z. B. **quantī** *wie viel*, **tantī** *so viel*), sonst als Ablative (▶ S. 126).

5. Genitiv als Ortsangabe

Morātī sumus trīduum **Lārīssae / Panormī.**	*Wir hielten uns drei Tage in Larissa / Palermo auf.*

Die Genitivformen der a-/o-Deklination auf **-ae** bzw. auf **-ī** dienen vorwiegend bei Namen von Städten oder (kleinen) Inseln grundsätzlich auch als Ortsangabe, also z. B. auch **Rōmae** *in Rom* oder **Liparae** *auf Lipari;* **Corinthī** *in Korinth* oder **Rhodī** *auf Rhodos*. In den Grammatiken werden sie oft als *Lokativ* bezeichnet.

6. Außerdem

Beim Genitiv finden sich einige präpositionsgleiche Ausdrücke, jedoch fast alle *nachgestellt*, und zwar **causā, grātiā**, (sehr selten) **ergō**: *wegen, um ... willen*; **locō** *anstelle von, für*; **īnstar** *nach Art von, gleich wie*:

amīcōrum causā *um der Freunde willen*; **exemplī grātiā** *zum Beispiel*; **illīus ergō vēnimus** *seinet-/ihretwegen kamen wir*; **īnstar montis equus** *ein Pferd wie ein Berg*

Sunt quī **crīminis locō** putent esse quod vīvam.	*Manche halten es für ein Verbrechen, dass ich lebe.*

Der Ablativ

Signale:

Sg.	**-ō**	**-ā**	**-e**	**-ī**	**-ū**	**-ē**
Pl.	**-īs**	**-bus**				

Der Ablativ ist äußerlich vom Dativ im Plural gar nicht, bei der o-Dekl. auch im Singular nicht zu unterscheiden. Wie der Akkusativ tritt er ohne oder zusammen mit Präpositionen auf (▶ S. 112, 126).

Den Ablativ gibt es als einzige Kasusform im Deutschen nicht. Die von ihm getragenen Inhalte werden im Deutschen anders ausgedrückt. Bedeutungsmäßig ist der Ablativ fast ein Alleskönner. Er gehört somit zu denjenigen typisch lateinischen Strukturen, die *grammatisch* ganz undeutlich sind.

Ein Wort im Ablativ sagt eigentlich nur: Ich bin *nicht* Nominativ, nicht Akkusativ, nicht Dativ, nicht Genitiv. Die Bedeutung im Zusammenhang erschließt sich - außer eine Präposition ist vorhanden - einzig aus der Bedeutung des Ablativwortes in Verbindung mit der speziellen Bedeutung des Verbs.

Der Ablativ tritt auf als

Umstandsangabe beim Verb | Kasus mit Präposition

1./2./3. Objekt | Ergänzung zum Adjektiv

Prädikatsergänzung beim Verb | Attribut

Dies und die vielen Fälle, in denen der Ablativ ohne Präposition daherkommt, können wegen der genannten grammatischen Undeutlichkeit bisweilen zu Problemen führen. Daher gilt:

- prüfen, ob der Ablativ ein am Geschehen beteiligtes Element bezeichnen kann, dessen Rolle in der Bedeutung des Prädikats (oder auch eines Adjektivs) angelegt ist; daher ist es wichtig, den Inhalt des Ablativ-Wortes genau festzustellen (ist es ein Zeitbegriff, ein Ortsbegriff, eine Sache, eine Mengen- oder Wertbezeichnung, eine Person usw.);
- falls nicht, wird es sich um eine Angabe erläuternder Umstände zur Kernaussage handeln; oder
- prüfen, ob es sich um einen Ablativus absolutus (▶ S. 135) handelt; in dem Fall ist ein zweiter Ablativ nicht weit, oft in Klammerstellung um zugehörige Wörter platziert.

In manchen Fällen bezeichnet ein Ablativ bei Verben der Bewegung gegenüber einem Akkusativ die Herkunft, der Akkusativ die Richtung, z. B.:

Rōm**ā** proficīscor	*ich breche **von** Rom auf*
Rōm**am** proficīscor	*ich breche **nach** Rom auf*

1. Hauptaufgabe des Ablativs:

Beschreibung näherer Umstände der Prädikatsaussage

a) Ortsbegriff - Ortsangabe als Standort: normalerweise mit der Präposition in (*in*), außer

- Namen von Städten und kleiner Inseln, soweit sie nicht zur a-/o-Deklination gehören und Singular sind, also: **Athēnīs** *in Athen*; **Neāpolī** *in Neapel*; **Hierosolymīs** *in Jerusalem*; **Carthāgine** *in Karthago*; u. a. Auf diesen Kontext weisen Verben wie z. B. **esse** (*sein*), **manēre** (*bleiben*), **habitāre** (*wohnen*) usw.
- Verbindungen mit **locus**, z. B. **locō idōneō** *an einem geeigneten Ort*; Verbindungen mit **tōtus (-a, -um)**, z. B. **tōtā urbe** *in der ganzen Stadt*; in der Wendung **terrā marīque** *zu Lande und zu Wasser*; auch: **rūrī** (*auf dem Lande*).
- Begriffe wie **via** (*Straße*), **vadum** (*Furt*) u. a. m., also **viā Appiā prōgredī** *auf der Via Appia voranrücken*, **amnem vadō trānsīre** *den Strom an einer Furt überschreiten*.

In verschiedenen Fällen denkt das Lateinische (Richtung) anders als das Deutsche (Ort), z. B. **in forum concurrere** *auf dem Forum zusammenlaufen*, oder auch umgekehrt (Ort - Richtung), z. B. **vās in mēnsā pōnere** *ein Gefäß auf den Tisch stellen*.

b) Ortsbegriff - Ortsangabe als Ausgangspunkt: in der Regel mit der Präposition **ā/ab** (*von, von ... her*), **ē/ex** (*aus, aus ... heraus*), **dē** (*von, von ... herab*), außer

- Namen von Städten und kleiner Inseln ohne Ausnahme, also **Mediolānō** *von/aus Mailand*; **Lutētiā** *von/aus Lutetia (Paris)*; **Sardibus** *von/aus Sardes*; **Puteolīs** *von/aus Puteoli*; u. a. Außerdem: **domō** (*von zuhause*), **rūre** (*vom Lande*). Auf diesen Kontext weisen Verben wie z. B. **venīre** (*kommen*), **proficīscī** (*aufbrechen*), **expellere** (*vertreiben*) usw.
- Bei **nāscī** (*geboren werden*) und **orīrī** (*abstammen*) bezeichnet der Ablativ die Herkunft, z. B. **nōbilī genere ortus (-a)** *aus vornehmem Geschlecht stammend*, **Iove nātus (-a)** *von Jupiter abstammend*.

c) Zeitbegriff - Zeitangabe, z. B. **tempore** *zur rechten Zeit*; **aestāte** *im Sommer*; **hōrā sextā** *zur sechsten Stunde*; **comitiīs** *an den Komitien* (d. h. *während der Wahlen*); **biduō** *binnen zweiter Tage*; usw.

d) Personenbegriffe - Begleitung, fast immer mit **cum** (*mit*; und negativ: **sine** *ohne*): **cum amīcīs ambulāre** *mit den Freunden spazieren gehen*.

e) Sachbegriffe, die ein Handeln bewerten bzw. qualifizieren können oder Merkmale davon hervorheben - Methode, Vorgehensweise, oft mit **cum** (*mit*; und negativ: **sine** *ohne*):

cum dīligentiā *mit Sorgfalt*
iūre *zu Recht*
mōre *nach Art von*
nūdō corpore *mit nacktem Körper*
cum dīgnitāte *mit Würde*
tālī ratiōne *auf solche Weise*
cāsū *zufällig*
multīs cum lacrimīs *unter vielen Tränen*
urbem **vī** capere *eine Stadt mit Gewalt einnehmen*; u. a. m.

2. Der Ablativ mit Präpositionen

Der Ablativ tritt mit oder ohne Präposition auf; steht er mit Präposition, ist er als Kasus kein Problem, allerdings sind die Präpositionen genauso multivalent wie im Deutschen oder anderen Sprachen; es empfiehlt sich wie stets genaueste Beachtung des Kontextes (vom Verb und seiner Sinnbeziehung zum Objekt her denken!) und ggf. Studium des Wörterbuchs. Hier zur Illustration ein paar der wichtigsten Präpositionen beim Ablativ:

ā, ab	dē	ex, ē
von - weg, her, aus	*von - herab, von, über*	*aus, seit, aufgrund*
prae	prō	cum - sine
vor ... her, angesichts	*vor, für, entsprechend*	*mit, bei - ohne*

3. Der Ablativ im Sinnbereich von Verben

a) Eine häufige Funktion des Ablativs, bei der er die Bedeutung des Verb-Inhalts konkretisiert, liegt in der Angabe des Mittels oder Instruments, mit dem die Handlung ausgeführt wird. Beispiele:

pilā **lūdere** *Ball spielen*
harundine **canere** *Rohrflöte spielen*
oculīs **vidēre** *mit den Augen sehen*
omnis excūsātiō suā aequitāte **nītitur** *jede Rechtfertigung beruht auf Billigkeit*
vīribus imperiī **lūdere** *die Ressourcen des Reiches verschleudern*
pedibus **īre** *zu Fuß gehen*
equō **vehī** *reiten*
Asia **abundat** equīs *Asien ist überreich an Pferden*; u. a.

b) Entsprechend wird bei Verben aus dem Bedeutungsfeld *vergleichend beurteilen* der Inhalt dieser Beurteilung im Ablativ formuliert:

Rēbus congruentēs **nōminibus differēbant** Acadēmicī et Peripatēticī.	*In der Sache übereinstimmend, unterschieden sich Akademiker und Peripatetiker in den Begriffen.*

c) Den Inhalt des Vergleichs oder dessen Bezugspunkt kann der Ablativ auch bei der Steigerung (Komparation; ▶ S. 26) statt **quam** (*als*) bezeichnen:

Inquīsītor **biduō** nōn **breviōrem diem** postulāvit.	*Der Ermittler beantragte eine Frist nicht kürzer als zwei Tage.*

d) Bei Aktionen des Kaufens und Bewertens spielen Kaufpreis bzw. Maß eine Rolle - dafür steht erwartungsgemäß der Ablativ:

Quibus hīc **pretiīs** porcī vēneunt?	*Zu welchen Preisen werden diese Schweine hier verkauft?*
Mercēdem rettulit? - **Dīmidiō** minus opīnor.	*Hat er den Preis entrichtet? - Um die Hälfte weniger, meine ich.*

e) Das Element, das im Spielplan die Rolle des Grundes oder Ursache spielt, tritt normalerweise als Ablativ auf. (In der Nominativform bzw. Subjektrolle läge im Lateinischen eher eine Personifikation vor.)

Nāvis **vetustāte** dīlābitur.	*Das Schiff fällt wegen seines Alters auseinander.*
„Intus **mulsō**, forīs **oleō**" valētūdinem retinuit Polliō.	*„Innen mit Honigwein, außen mit Öl" bewahrte Pollio seine Gesundheit.*

f) In Passivsätzen übernimmt der Ablativ (mit der Präposition **ā/ab**) die Rolle des Urhebers oder (ohne Präposition) des Mittels bzw. Instruments:

Hostīlia **ab illō** coepta, **ā mē** aucta erant.	*Die Feindseligkeiten waren von ihm begonnen, von mir verstärkt worden.*
Imperātor **māgnīs cūrārum mōlibus** stringēbātur.	*Der Kaiser wurde durch große Sorgenlasten bedrückt.*

g) Bei einer Reihe von Verben mit dem Bedeutungsfeld *etwas zur Verfügung haben* und deren Gegenteil *etwas nicht zur Verfügung haben* übernimmt der Ablativ die Rolle eines ersten Objekts, etwa **fruī** *genießen*, **ūtī** *gebrauchen*, **carēre** *nicht haben*:

Sī mihī **bonā rē pūblicā fruī** nōn licuerit, at **carēbō malā**. — *Wenn ich hier schon keine gute Politik erleben kann, so will ich aber auch keine schlechte haben.*

Quī **ūtuntur vīnō** vetere, sapientēs putō. — *Die alten Wein genießen, halte ich für Kenner.*

Weitere wichtige Verben:	mūnere **fungī** *ein Amt innehaben, verwalten*
imperiō **potīrī** *sich der Herrschaft bemächtigen*	disputātiōnibus **dēlectārī** *an Diskussionen Freude haben*
pāne **egēre** *Verlangen nach Brot haben, Brot entbehren*	culpā **vacāre** *frei von Schuld sein*
Bei einzelnen findet sich statt des Ablativs auch der Genitiv.	

h) Bei Verben mit dem Bedeutungsfeld *mit etwas ausstatten* und deren Gegenteil *von etwas befreien oder fernhalten* findet sich der Ablativ als zweites Objekt bzw. nach Subjekt und direktem Objekt als dritter Mitspieler des Satz-Spielplans:

Plangōre et lāmentātiōne **complēvimus** forum. — *Wir füllten das Forum mit Jammern und Wehklagen.*
Hortōs plūrimīs statuīs **īnstrūxit** Lucullus. — *Seine Gärten stattete Lukull mit immens vielen Statuen aus.*
Verrēs (Siciliae) fāna omnibus dōnīs ōrnamentīsque **nudāvit**. — *Verres beraubte (Siziliens) Heiligtümer all ihrer Weihgeschenke und jeden Schmucks.*

Nerō mercēde palmārum aurigāriōs **fraudāvisse** dīcitur. — *Nero soll Wettfahrer um den Lohn der Siegespalme betrogen haben.*
Ariovistus omnī **Galliā** Rōmānīs **interdīxit**. — *Ariovist verbot den Römern (den Zutritt zu) ganz Gallien.*

4. Der Ablativ als Ergänzung zu Adjektiven

Da Adjektive wie Verben Aussagen über Personen/Dinge treffen, können auch sie Ergänzungen auslösen, die ihren Sinn konkretisieren. Diese können bei Adjektiven aus den oben beschriebenen Bedeutungsfeldern die Form des Ablativs annehmen (es kann fallweise aber auch der Genitiv und gelegentlich der Dativ sein). Beispiele:

contentus (-a, -um) *zufrieden mit*; **plēnus (-a, -um)** *voll von*; **frētus (-a, -um)** *sich verlassend auf*; **liber (-bra, -brum)**, **vacuus (-a, -um)** *frei von*; **nūdus (-a, -um)** *entblößt von*; **onustus (-a, -um)** *beladen mit*; **dīgnus (-a, -um)** *einer Sache würdig*; u. a.

5. Der Ablativ als Prädikatselement und Attribut

Vorkommen dieser Art sind selten; der Ablativ beschreibt in diesen Fällen - austauschbar mit dem Genitiv - eine Eigenschaft oder einen Wert:

(Catō) ... **singulārī** fuit **prūdentiā** et **industriā**.	*Cato war von einzigartiger Klugheit und einzigartigem Fleiß.*
Ahēnobarbus, vir neque satis cōnstāns et **ingeniō trucī**	*Ahenobarbus, ein zu wenig beständiger Mann und von trotzigem Charakter*

3. Wohin? Wann? Weswegen? Die Rolle der Präpositionen

Trotz der großen Bedeutung der reinen Kasus im Lateinischen sind die kasusbegleitenden Präpositionen im Dienst der Verständlichkeit unverzichtbar.

Präpositionen sind im Gebrauch entweder unproblematisch oder ‚idiomatisch', das bedeutet: ‚spracheigentümlich', und für Nicht-Muttersprachler nicht unbedingt nachvollziehbar. Bei derlei (in der Regel unerwarteten) Ausdrucksweisen dürfte der Sinn des Verbs trotzdem häufig unter Beachtung der Rolle der Mitspieler zum Verständnis führen:

Eques **viam** ⌈**ex rūsticō**⌋ quaesīvit.	*Der Reiter fragte ⌈den Bauern⌋ nach dem Weg.*

Präpositionen geben zunächst grundsätzlich ein räumliches Verhältnis an. Auf diesem bauen die zeitlichen Angaben auf, erst dann folgen die Verwendungen für logische Beziehungen (‚übertragene' Bedeutung). Aber nicht nur hier, auch sonst „arbeitet" die Sprache ja viel mit räumlichen Vorstellungen und Begriffen.

Im Lateinischen finden sich „echte" Präpositionen nur beim Akkusativ und Ablativ, beim Genitiv nur einige sekundäre (beim Dativ also keine). Die meisten Präpositionen begleiten den Akkusativ. Nur wo Präpositionen sowohl einen Ort wie eine Richtung angeben (**in** *in*, **sub** *auf*, **super** *über*), steht für die Richtungsangabe der Akkusativ, für die Ortsangabe der Ablativ. Ansonsten spielt der Kasus bedeutungsmäßig keine Rolle; Beispiel:

sub aqu**am**	*unter das Wasser*	in urb**em**	*in die Stadt*
sub aqu**ā**	*unter dem Wasser*	in urb**e**	*in der Stadt*

Tabellen mit Präpsitionen beim Akkusativ und Ablativ: ▶ S. 112, 126.

Benutzen Sie häufig Ihr Wörterbuch, um die Verwendung und Bedeutung der Präpositionen verstehen zu lernen. Achten Sie auch beim Erlernen von Verben darauf, über welche Präpositionen Nomina ggf. mit diesen verbunden werden.

4. Die Stellung der Präpositionen

Die übliche Stellung der Präpositionen ist wie im Deutschen *vor* („prä-") dem Nomen. Einige, darunter auch die sekundären Genitivpräpositionen (also Genitive in deren Funktion), sind bisweilen oder grundsätzlich nachgestellt (Postpositionen). Auch das kennt das Deutsche (z. B. *des Regens wegen*). Bei Dichtern finden sich Präpositionen manchmal weiter vom zugehörigen Wort entfernt (**vītiīs** nēmō **sine** nāscitur - *ohne Fehler wird keiner geboren*).

Eine Eigentümlichkeit des Lateinischen besteht darin, dass recht häufig Präpositionen zwischen das zugehörige Nomen und ein zugehöriges Attribut gestellt werden, z. B. **corpore in ūnō** *in einem einzigen Körper*, **quam ob rem** *weswegen*, **multōs post annōs** *nach vielen Jahren*.

circum + dare ⇛ circumdare - Komposita

Wie im Deutschen dienen die Präpositionen zur Bildung zusammengesetzter Verben, sog. ‚Komposita'. Die Kenntnis der Präpositionen hilft also in vielen (leider nicht allen!) Fällen auch beim Verstehen solcher Verben, wenn man das Grundwort kennt, z. B. **dare** *geben*: **circumdare** *rings ... umgeben*.

- Bei den Komposita finden sich auch einige wichtige ‚untrennbare Präpositionen', die für sich allein nicht vorkommen: **amb-** *herum-*; **dis-** *zer-, auseinander*; r**e(d)-** *zurück*; **sē-** *ab- (auseinander-*, z. B. **sēparāre** *trennen*).

ANSCHLUSS GESUCHT - VERBUNDENE SÄTZE

Jedes Element eines Satzes kann sozusagen ausgefaltet werden und dabei sogar die Form eines Satzes annehmen. Der Anschluss an das Übrige erfolgt über Pronomina (etwa Relativpronomina) oder über Konjunktionen wie bei unselbständigen Sätzen (etwa: *weil..., indem..., obwohl...* usw.). Außerdem lassen sich auch selbständige Sätze aneinanderreihen (*und..., aber..., trotzdem...* usw.).

Einige lateinische Spezialitäten auf diesem Feld zeichnen sich nun leider dadurch aus, dass manches obskur (besser: unter der Oberfläche) bleibt, wenn man es nicht entschlüsselt. Die gleichen Strukturen sind zwar auch im deutschen Sprachsystem bekannt, werden jedoch in der Standardsprache seltener verwendet oder sind teilweise nur Randerscheinungen. Bei der Umsetzung braucht das Deutsche meist mehr Wörter, u. a. um den „Anschluss" deutlich zu machen.

Sinnrichtungen und Konjunktionen

Im Folgenden geht es hauptsächlich um die gedanklichen (oder: ‚semantischen') Vorstellungen, die hinter der Verbindung von Sätzen stecken. Diese bezeichnet man als Sinnrichtungen; die wichtigsten im Überblick:

temporal	modal	kausal	konditional	final	konzessiv	adversativ
abhängige Sätze (Nebensätze)						
als, nachdem, während ...	*indem, dadurch dass, ...*	*da, weil, zumal*	*wenn, falls, sofern*	*damit, auf dass, dass, (um zu ...)*	*obwohl, obgleich, auch wenn, ...*	*während dagegen*
selbständige Sätze (Hauptsätze)						
dann, darauf, derweil, ...	*dabei*	*denn*	*und (dann)*			*aber, jedoch*

Übersicht lateinischer Konjunktionen: ▶ Anhang S. 173

1. Komprimierte Sätze - Sätze im Satz

Wer spricht, hat nicht nur das Bedürfnis, sich umfassend äußern zu können, sondern sucht genauso die Möglichkeit, sich kurz zu fassen. Zu diesem Zweck lassen sich Äußerungen „komprimieren". Das Lateinische bietet dafür einige spezielle Methoden (▶ auch das Gerundivum S. 139), die wieder ohne das komplexe System der Kasusformen und der Kongruenz nicht funktionieren würden.

Das verbundene Partizip - Participium coniunctum

In der Rolle als ‚verbundenes Partizip' (und im ‚Ablativsatz' ▶ S. 135) kommt das Partizip im Lateinischen sehr viel häufiger vor als im Deutschen. Da es dabei eine wichtige Aufgabe erfüllt, muss man mit ihm besonders gut vertraut sein.

Ein deutsches Beispiel haben wir etwa in dem Lied *„Lachend kommt der Sommer über das Feld"*. Diesem Satz liegt die Äußerung zugrunde *Der Sommer kommt über das Feld, und er lacht dabei* oder *Der Sommer kommt über das Feld, während (indem) er lacht*. Das Partizip komprimiert also den längeren Satz und bildet so einen „Satz im Satz". Nicht viel anders im Lateinischen:

Intereā ūsque illī dē mē supplicium dābō **labōrāns, parcēns, quaerēns**, illī **serviēns**.	*Inzwischen will ich ihm Buße leisten, arbeitend, sparend, Gewinn schaffend, ihm dienend.*

Im lateinischen Beispiel ist so aus fünf Sätzen einer gemacht; alle haben dasselbe Subjekt, das zeigt der Nominativ der Partizipien:

labōrān**s**, parcēn**s**, quaerēn**s**, illī serviēn**s**.

Aber die fünf Sätze stehen nicht auf einer gedanklichen Ebene: Gegenüber **dābō** ist eine Sinnrichtung erkennbar, die modale: *indem ich arbeite …*

Da das Lateinische durch die Kasus- und Genuskongruenz grammatisch deutlich markiert, an welches Nomen ein Partizip (ebenso wie ein Adjektiv) inhaltlich angeschlossen ist, nutzt es diese Sprachmöglichkeit viel umfassender als das Deutsche gerade auch in anderen Kasus:

Timeō Danaōs **et** dōna **ferentēs** (warnt der Priester Laokoon die Trojaner).	*Ich fürchte die Danaer* (Griechen), *auch wenn sie Geschenke bringen.*

Diesem einen Satz liegen die Sätze *„Die Danaer bringen Geschenke. Trotzdem fürchte ich sie"* zugrunde. Die konzessive Sinnrichtung (*trotzdem*

- *obwohl*) bleibt im Lateinischen unter der Oberfläche und muss bei der Übersetzung ins Deutsche entschlüsselt werden, weil eine Nachahmung der lateinischen Struktur zwar möglich wäre (und wohl auch verständlich: *„ich fürchte die Danaer, auch Geschenke bringend“*), aber nicht der normalen Ausdrucksweise entspräche: Das Deutsche zieht hier einen abhängigen Satz vor.

Wo hingegen eine Sinnrichtung nicht erkennbar oder nicht von Bedeutung ist, bietet sich oft eine Übersetzung als Attribut in Partizipform an:

Āēr effluēns hūc et illūc ventōs efficit.	*Ausströmende Luft verursacht Zug (Winde) hierhin und dorthin.*

Weiteres Beispiel mit Sinnrichtung (kausal):

C. Servilius Ahala Spurium **Maelium** rēgnum **appetentem** interēmit.	*Servilius tötete Sp. Maelius, da er nach der Königsherrschaft strebte.*

In anderen Fällen ist auch ein Relativsatz möglich, gerade wenn die kontextuelle Sinnrichtung (hier: *obwohl*) auch im Deutschen spürbar ist:

Sīcine tū hunc **hominem** bene dē rē pūblicā **meritum** offendis?	*So also beleidigst du diesen Mann, der sich (obwohl er sich) um die Republik verdient gemacht hat?*

Zeitverhältnisse

Die Partizipien enthalten keine Zeitangaben, bezeichnen aber das Zeitverhältnis zum Verb des Satzes, also Gleichzeitigkeit, Vorzeitigkeit oder Nachzeitigkeit (▶ S. 64). Dieses Zeitverhältnis muss stets beachtet werden:

Vir domum **ingrediēns** territus est.	*Als der Mann in das Haus trat, erschrak er.*
Part. GZ + Prädikat im Perfekt Passiv	
(Pompēiānī) omnibus rēbus **obsessī** iam quārtum diem, colloquium **petunt** ā Caesare.	*Nachdem die Anhänger des Pompeius in jeder Hinsicht schon vier Tage lang bedrängt worden waren, baten sie Caesar um eine Unterredung.*
Prädikat im [dramatischen] Präsens + Part. VZ Passiv	

Das Partizip der Vorzeitigkeit Passiv (PVP) findet sich jedoch oft auch, ohne dass es eine Vorzeitigkeit des Sachverhalts ausdrückt:

(Istī philosophī) dē rēbus **ante oculōs positīs** vulgārī sermōne disputant.

Diese Philosophen da diskutieren in Alltagssprache über Dinge, die klar vor Augen liegen.

Übersetzungsvarianten

Grundsätzlich lässt sich eine Partizipialstruktur im Deutschen auch mit einer nominalen Wendung oder mit einem eigenen Hauptsatz wiedergeben. Dies ist eine stilistische Entscheidung, die an jeder einzelnen Stelle getroffen werden muss:

Epistulae offendunt **nōn locō redditae**.		
Briefe können Anstoß erregen, wenn sie zur falschen Zeit übergeben werden.	*Bei Übergabe zur falschen Zeit können Briefe Anstoß erregen.*	*Man kann Briefe zur falschen Zeit übergeben. Dann erregen sie Anstoß.*
untergeordneter Satz	Ausdruck mit Präposition	zwei unabhängige Sätze

Das Partizip der Nachzeitigkeit

Das Partizip der Nachzeitigkeit begegnet vergleichsweise selten; es bezeichnet eine direkt bevorstehende Handlung oder eine Absicht und findet sich:

- im AcI zur Bezeichnung einer nachzeitigen Handlung (▶ S. 52).
- als Bedeutungsteil des Prädikats zusammen mit Formen von **esse**:

  Factūrusne operae pretium **sim**, nōn satis sciō.

  Ob ich im Begriff bin, etwas Lohnendes zu tun, weiß ich nicht genau.

Auch vergangenheitsbezogen: Praefātiōnem **scrīptūrus (-a) eram**. *Ich war im Begriff, das Vorwort zu schreiben.*

- als komprimierter Satz mit finalem Sinn (*um ... zu ...*):

Alamannī prīmam aciem peditum incessērunt **eam** - abiectā resistendī animōsitāte - **pulsūrī**.	*Die Alamannen griffen unsere erste Reihe Fußtruppen an, um sie - nach Aufgabe des Muts zum Widerstand - zu vertreiben.*

Der Ablativsatz - sog. Ablativus absolutus

Das oben besprochene ‚verbundene Partizip' ist an ein anderes Element des Satzes im Nominativ, Genitiv oder Dativ angeschlossen. Häufig sind Partizipien (bzw. gelegentlich auch Adjektive oder Namen/Substantive) auch an einen Ablativ angeschlossen. Dann bildet der ganze Ausdruck eine eigene Sinneinheit, den Ablativsatz: Das Element im Ablativ stellt dabei das Subjekt, das Partizip das Prädikat. Auch hier liegt also ein komprimierter Satz vor.

Der Grammatikbegriff ‚Ablativus absolutus' bedeutet „losgelöster Ablativ" in dem Sinn, dass ein solcher Ausdruck aus dem Basissatz herauslösbar wäre, ohne dass dieser ungrammatisch würde. Im Text ist er jedoch inhaltlich unverzichtbar, da er zum Basissatz elementare Informationen beisteuert.

Wie beim verbundenen Partizip existiert unter der Oberfläche eine Sinnbeziehung zwischen dem Basissatz und dem Ablativsatz. Diese Sinnrichtung (▶ S. 131) muss wieder aus dem Sinnzusammenhang heraus entschlüsselt und im Deutschen zum Ausdruck gebracht werden. In jedem Fall liegt zumindest eine *zeitliche* Sinnbeziehung vor:

Perditīs omnibus rēbus tamen ipsa virtūs sē sustentāre potest.	*Nachdem (Auch wenn) alles verloren gegangen ist, kann sich der wahre Charakter trotzdem aufrecht halten.*
Virtūtēs iacent **voluptāte dominante**.	*Die besten Eigenschaften liegen brach, wenn Genuss-Sucht dominiert.*

Strukturvergleich: Basissatz + Ablativsatz bzw. Konjunktionalsatz

Basis-Satz Latein	**+**	**Nomen im Ablativ:** **> Subjekt**	**Partizip im Ablativ** **> Prädikat** ⇛	ggf. Ergänzungen (Objekte oder Adverbien)
	gleichzeitig|vorzeitig|nachzeitig			
Basis-Satz Deutsch	**Konjunktion**	**> Subjekt im Nominativ**	**> Prädikat** (flektiert) ⇛	ggf. Ergänzungen (Objekte oder Adverbien)

- Eine wichtige Aufgabe des Ablativsatzes im Text liegt darin, Anknüpfungen innerhalb eines Gedankengangs deutlich zu machen. Beispiel:

  Der Politiker und Philosoph Cicero legt in einem Gespräch dar, wie wichtig in seinen Augen die Einführung des Volkstribunats für die Stabilisierung der politischen Verhältnisse gewesen sei. Dem hält sein Gesprächspartner Quintus entgegen:

Māgnum dīcis malum. Nam **istā potestāte nātā** gravitās optimātium cecidit, convaluitque vīs multitūdinis.	*Deine Rede enthält einen großen Fehler. Denn nachdem dieses Amt erst einmal entstanden war, schwand die Bedeutung der Aristokraten und erstarkte der Einfluss der Menge.*

- Beispiel mit kausaler Sinnrichtung und nachzeitigem Partizip (PNA):

Parumper quiēs fuit **Etruscīs pūgnam nōn initūrīs**...	*Eine Weile herrschte Ruhe, da die Etrusker keine Anstalten machten, in den Kampf zu ziehen...*

- In manchen Fällen findet sich ein passivischer, vorzeitiger Ablativsatz mit demselben *Sinn*subjekt wie der Basissatz. Dann empfiehlt sich oft eine aktivische Übersetzung, die das *grammatische* Subjekt des Basissatzes benutzt:

Vercingetorīx **convocātīs** (◂ Passiv) **suīs clientibus** facile incendit (eōs).	*Nachdem Vercingetorix seine Gefolgsleute zusammengerufen hatte* (◂ Aktiv), *konnte er sie leicht anfeuern.*

- Der Ablativsatz kann auch die Form Nomen/Pronomen/Name + Adjektiv oder Nomen/Pronomen/Name + Nomen annehmen (hat dann also kein Partizip!):

Mors Silānī **īgnārō Nerōne** per Agrippīnam parāta est.	*Der Tod des Silanus wurde, ohne dass Nero etwas wusste, von Agrippina geplant.*

Nicht selten sind auch Wendungen wie **Hannibale auctōre** *auf Hannibals Veranlassung,* **nōbīs invītīs** *gegen unseren Willen,* **tyrannō mortuō** *nach dem Tod des Tyrannen,* **suā sponte** *aus eigenem Antrieb.*

Am angemessensten wählt man hierfür kurze Wendungen mit einer Präposition, so im Beispiel oben auch: *ohne Wissen Neros.*

Eine ähnliche Struktur, allerdings mit Genitiv, kennt auch das Deutsche, vgl. etwa *Lachenden Auges rannte er in sein Unglück.* Meist handelt es sich hier um feste Wendungen wie *klopfenden Herzens, unverrichteter Dinge* u. a. m., doch gerade in der Dichtung wird diese Sprachmöglichkeit von Dichtern nicht selten genutzt.

„Angebundenes Nomen": Das Prädikativum

Im Lateinischen findet sich eine Art von Attributen (Adjektive oder Substantive), die nicht nur ihr Basiswort - erkennbar an der KNG-Kongruenz - genauer charakterisieren, sondern die zugleich in einer Bedeutungsbeziehung zum Prädikat stehen (daher Prädikativum). Der Bezug auf das Prädikat ergibt sich normalerweise problemlos aus dem Sinnzusammenhang. Weniger eindeutige Beispiele sind seltener, nehmen wir dazu den Satz

Cervisiam mihī ministrā modo **frīgidam**!

Was ist gemeint: *Servieren Sie mir bloß kaltes Bier!* oder *Servieren Sie mir das Bier bloß kalt!*

Der Unterschied ist hier nicht groß, aber der Sprecher setzt jeweils unterschiedliche Akzente; bei der zweiten Übersetzung liegt er darauf, dass das Bier *beim Servieren* kalt *ankommen* soll; im Lateinischen entspricht dem die Stellung des Adjektivs **frīgidam** am Satzende.

- Wie Sie sehen, wählt man im Deutschen hier das nachgestellte (oder ggf. vorangestellte) Partizip ohne Endung. Das tut man auch im folgenden Fall; bei diesem ist es unübersehbar, dass das Adjektiv **maestus** zwar wie ein Attribut in der Endung mit seinem Basiswort

Menedēmus übereinstimmt, bedeutungsmäßig aber genauso auf die Phase des Heimkehrens bezogen ist:

⌈Menedēmus domum revertitur⌋ ⌈**maestus**⌋ atque ⌈animō incertō prae aegritūdine⌋.	*⌈Menedemus kehrt nach Hause zurück, ⌈traurig⌋ und ⌈in ratloser Stimmung vor schlechter Laune⌋.*

- In anderen Fällen benutzt das Deutsche zur Wiedergabe eines adjektivischen Prädikativums einen Anschluss mit *als*, dann wird das Adjektiv auch dekliniert:

Hannibal **prīnceps** in proelium ībat, **ultimus** excēdēbat.	*Hannibal ging als Erster in die Schlacht, kam als Letzter wieder heraus.*

- Ein Prädikativum in Form eines Substantivs wird ebenfalls mit einem *als* angeschlossen:

Gallī **administrīs** ad ea sacrificia druidibus ūtuntur.	*Die Gallier bedienen sich als Helfer bei diesen Opferhandlungen der Druiden .*

In manchen Fällen wird die konkrete Bedeutung des lateinischen Prädikativums durch die Bedeutung des Verbs im Kontext bestimmt, wie z. B. im folgenden Satz bei **dīversus (-a, -um)** *verschieden*:

Nostrī aequō animō **dīversī** pūgnābant.	(Cäsar:) *Unsere Leute kämpften in aller Ruhe nach allen Richtungen hin.*

- Besonders in der Dichtung finden sich nicht selten Adjektive mit Kongruenz zum Subjekt in der reinen Bedeutung eines Adverbs; deutsch: Adverb (hier: **nocturnus, -a, -um** *nächtlich*):

Lupus gregibus **nocturnus** obambulat.	*Der Wolf schnürt **nachts** um die Herden.*

Prädikativum *Kongruenz* *Sinnbezug*

Obsidēs bēluārum modō caecī in foveam missī sunt .

Die Geiseln ließen sich wie wilde Tiere ***blind*** in eine Grube treiben.

Das dominante Partizip

Wie im Deutschen gibt es Fälle, in denen ein verbundenes Partizip von der Bedeutung her die Stelle eines Substantivs einnimmt:

Āfricānus dūxit nōmen **ab oppressā Karthāgine**.	*Africanus bekam seinen Namen aufgrund der Eroberung Karthagos.*

Vom Sinn her ‚dominiert' dieses Partizip sein Beziehungswort, also heißt es **nicht**: ... *vom eroberten Karthago*. Diese Erscheinung des sog. dominanten Partizips ist häufig beim Gerundivum zu finden, hier ein Beispiel mit Partizip VZ Passiv und einem Gerundivum:

Par**tīs** honōr**ibus** eōsdem in forō gessī labōrēs quōs pete**ndīs**.	*Nach Übernahme meiner Ämter/der Ämterübernahme ging ich auf dem Forum denselben Tätigkeiten nach wie während der Bewerbung um sie.*

nd-Formen: Das Gerundivum

Das Gerundivum ist ein Partizip mit passivischer Bedeutung; hinsichtlich des Zeitfeldes bezieht es sich auf Gleichzeitiges oder Zukünftiges. Formen: ▶ S. 50.

Aufgabe 1: Prädikat zusammen mit **esse**

Eine Aufgabe erfüllt das Gerundivum in Verbindung mit einer Form von **esse** (*sein*) als Prädikat. In dieser Verbindung gewinnt es den Charakter des Ausdrucks einer *Notwendigkeit* oder *Zielsetzung* bzw. (negativ) des Nicht-Erlaubtseins; die Äußerung kann ein Subjekt haben oder unpersönlich formuliert sein:

Carthāgō dēle**nda est**!	*Karthago ist zu zerstören (≈ muss zerstört werden)!*
Dīvitiīs **nōn** abūte**ndum est**.	*Reichtum ist nicht zu missbrauchen ≈ soll nicht ... werden.*
Nunc **est** bibe**ndum**, nunc pede līberō pulsa**nda** tellūs!	*Jetzt heißt es trinken, jetzt kann/soll man mit freiem Fuß die Erde stampfen!*

Fast rein temporal (futurisch) ist es aber in folgendem Beispiel zu verstehen:

Hannibal cum trāde**ndus** Rōmānīs **esset**, venēnum bibit.	*Als Hannibal den Römern übergeben werden sollte, trank er Gift.*

Derjenige, der etwas tun muss/soll, erscheint beim Gerundivum mit **esse** im Dativ; erinnern wir uns daran (▶ S. 57), dass **esse** + Dativ *haben* bedeutet:

Tria vide**nd**a **sunt ōrātōrī**: quid dīcat et quō quidque locō et quōmodō.	*Drei Dinge hat ein Redner zu beachten: was er sagt, wo er etwas sagt und wie ≈ müssen von einem Redner … werden.*

- Ein Gerundivum in diesem Kontext ist also mit einer finalen (zielgerichteten) Sinnrichtung verbunden. Diese kann allerdings so abgeschwächt sein, dass das Gerundivum nur noch den Wert eines Adjektivs mit der Bedeutung *etwas wert sein* besitzt; diese sind dann zumeist auch im Wörterbuch aufgeführt:

Fulvia amanda est.	*Fulvia ist liebenswert.*

Aufgabe 2: Mit einem Nomen geht es knapper

Um sich mitteilen zu können, ist man darauf angewiesen, dass man beispielsweise nicht nur *trinken* sagen kann, sondern auch *Trank* oder *das Trinken*. Ein weiteres - vorwiegend stilistisches - Bedürfnis ist es, sich auch in Form *komprimierter Sätze*, also z. B. nominal (d. h. mit Substantiven) und damit verknappt ausdrücken zu können. Schließlich möchte man vielleicht auch die Möglichkeit haben, aus ganzen Sätzen Substantive durch Wortzusammensetzung zu machen.

Diese Bedürfnisse erfüllt im Lateinischen in vieler Hinsicht das Gerundivum (mitsamt seinem Ableger, dem Gerundium (▶ S. 53). Zwar kennt das Lateinische auch die Möglichkeit Wörter durch Zusammensetzung zu bilden (z. B. **lēgislātor** *Gesetzgeber* oder **quadrupes** *Vierfüßer*), doch wesentlich eingeschränkter als das Deutsche, das hier „fast alles machen" kann (z. B. Dampflokomotivenwassernachfüllstation"). Die Methode des Lateinischen zur Wortzusammensetzung mittels Gerundivum, das mit einem Substantiv per Kongruenz verbunden ist, ist aber nur dann nutzbar, wenn ein Sinnelement eine Handlung bezeichnet.

1. Komprimierung bei zielorientierten Verben

Das Gerundivum ergänzt nicht nur **esse**, sondern auch Verben, die ein Objekt haben. Dieses Objekt dient direkt oder indirekt einer Zielsetzung:

Nuper **librōs** Epicūrī philosophī tibī mīsī **legendōs**.	*Unlängst schickte ich dir Bücher des Philosophen Epikur zum Lesen/zur Lektüre.*

Der Lateiner könnte hier z. B. auch sagen „**ut eōs legās** - *damit du sie liest*". Er will sich mit dem Gerundivum aber *komprimierter* ausdrücken. Daher deutsch am besten: *zu + Substantiv/Substantivierung*.

Ein Gerundivum in diesem Kontext ist also ebenfalls mit einer *finalen* (zielgerichteten) Sinnrichtung verbunden, die aus der Bedeutung des Prädikats resultiert. Dazu gehören z. B. auch Verben wie **dare** *geben*, **trādere** *übergeben*, **sūmere** *nehmen*, **accipere** *annehmen*, **poscere** *fordern*.

2. Komprimierung durch Wortzusammensetzung

Will man ohne Umschweife ergebnisorientiert „zur Sache" kommen, zieht man komprimierte Sätze, darunter ‚Nominalisierungen', vor. Im Lateinischen lassen sich aus dem Gerundivum in Kombination mit einem Substantiv zusammengesetzte Begriffe bilden. Diese sind - außer durch den Sinn - durch den übereinstimmenden Kasus beider Elemente verbunden. Dabei ‚dominiert' das Gerundivum den zweiten Bestandteil, denn dieser wird sozusagen das Sinnobjekt des ursprünglichen Verbs. Das Gegenstück dazu ist im Deutschen entweder ein Ausdruck aus zwei Substantiven mit einem ursprünglich verbalen Bestandteil (häufig auf *-ung*) oder ein per Wortbildung zusammengesetzes Substantiv:

Caesar **pontem faciendum** cūrāvit.	*Cäsar veranlasste die Errichtung einer Brücke.*
Vestae colendae virginēs praeerant.	*Den Vestakult versahen unverheiratete Frauen.*
In **testibus audiendīs** audiātur et altera pars.	*Bei der Zeugenanhörung, bei der Anhörung von Zeugen soll auch die andere Seite gehört werden.*

Ein solcher zusammengesetzter Begriff kann auch als Ergänzung (Attribut) zu einem Substantiv auftreten; hier bietet sich entweder eine Wiedergabe mit Infinitiv + Objekt oder das oben beschriebene Vorgehen an:

cōnsilium **Aegyptī relinquendae**	*die Überlegung, Ägypten zu verlassen*
Cōnsilium iniērunt **tyrannī interficiendī**.	*Sie fassten den Entschluss zum Tyrannenmord, den Tyrannen umzubringen.*
Rōmulus locum ēlēgit **urbī condendae**.	*Romulus wählte einen Platz für die Stadtgründung.*

Beachten Sie die A-B-Vertauschung der Elemente der zusammengesetzen Begriffe (natürlich kann im Lateinischen auch das Gerundivum voranstehen, dann gilt B-A):

Lateinisch:	**A** Substantiv	+	**B** Gerundivum (Adjektiv)
	testibus	+	**audiendīs**
Deutsch:	**B** Substantiv	+	**A** Substantiv (Gen.-Attr.)
	bei Anhörung	+	*der Zeugen*
oder	**A + B** Substantiv		
	Zeugenanhörung		

- Ein Gerundivum in diesem Kontext ist also mit keinerlei finaler Sinnrichtung verbunden. Der Sprecher will zwei – entweder gleichzeitig oder nachzeitig gedachte – Elemente miteinander zu einem Begriff verbinden. – Eine zielgerichtete Sinnrichtung ist allerdings wieder dann gegeben, wenn der kombinierte Ausdruck mit einer Präposition wie **ad** (*zu*) oder **causā** (*wegen*) verbunden ist:

ad amīcōs **visitandōs**	*zum Besuch der Freunde*
Menapiī lēgātōs ad Caesarem **pācis petendae causā** mittunt.	*Die Menapier schicken zwecks Friedensersuchens Unterhändler zu Cäsar.*

- Manche Deponentien mit aktivischer Bedeutung können ein (passivisches) Gerundivum haben:

Amīcī **dē ūtendā pecūniā** disputāvērunt.	*Die Freunde diskutierten über die Geldverwendung/Verwendung des Geldes.*

Das Gerundivum ist ein Partizip und steht mit einem Verb in Verbindung, oder es bildet zusammen mit einem Substantiv einen zusammengesetzten Ausdruck. Sein Ableger, das Gerundium, dient zur Deklination des Infinitivs und kann Objekte oder Adverbien haben. In manchen Fällen sind ‚Gerundivum' und ‚Gerundium' austauschbar. Da dies für das *Verstehen* ohne Belang ist, wird hier nicht weiter darauf eingegangen.

Der ‚Akkusativ mit Infinitiv' (AcI)

Zu den abhängigen Sätzen gehören auch die *Inhaltssätze*, die angeben, was ein Verb inhaltlich meint; hier geht es um den Typ der dass-Sätze (*ich sage, dass …*).

Weitere Typen: ▶ abhängige Fragesätze, S. 84, und ▶ Definitionssätze, S. 86.

Die Neigung der lateinischen Sprache zu knapper Ausdrucksweise kommt besonders im sog. Akkuisativ mit Infinitiv (‚Accusativus cum infinitivo': AcI) zum Ausdruck, ohne den fast „nichts geht". Hierbei handelt es sich um eine Ausdrucksweise, der im Deutschen der *dass-Satz* entspricht: So kann der AcI daher immer übersetzt werden.

Dabei wird aus dem lateinischen Akkusativ das deutsche Subjekt im Nominativ und aus dem Infinitiv das deutsche Prädikat. Die übrigen Elemente sind gemäß den Regeln des normalen Satzes zu übersetzen, d. h. das AcI-Subjekt und das AcI-Prädikat können wie normale Sätze erweitert werden.

Auch im Deutschen ist diese Struktur bekannt, doch weitestgehend auf Verben der sinnlichen Wahrnehmung beschränkt, z. B. *Ich spüre das Gras unter meinen Füßen wachsen ≈ dass es … wächst.*

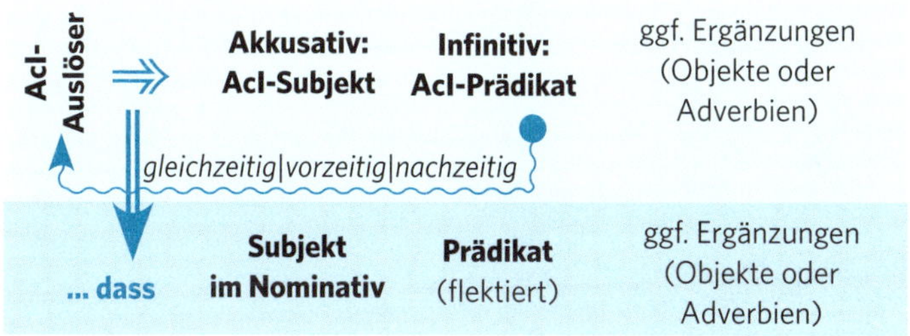

Der Infinitiv weist kein Tempus auf, sondern bezeichnet wie immer ausschließlich *Zeitverhältnisse*: Gleichzeitigkeit (Neutralperspektive), Vorzeitigkeit (Rückschau), Nachzeitigkeit (Vorausschau).

Wie erkennen Sie einen AcI? „Verdacht" muss aufkommen, wenn der Satz einen *AcI-Auslöser* enthält, d. h. ein Verb, das inhaltlich „aufgefüllt" werden muss. Bei Verben dieser Art ist es grundsätzlich angezeigt, nach einem AcI Ausschau zu halten – also etwa:

AcI-Auslöser (Beispiele!)		
sprechen, sagen, z. B.	**dīcere, respondēre**	*sagen, antworten*
zulassen, verbieten, z. B.	**iubēre, vetāre**	*befehlen, verrbieten*
wissen, erfahren, z. B.	**scīre, cōgnōscere**	*wissen, erkennen*
meinen, z. B.	**crēdere, cōnfīdere**	*glauben, vertrauen*
wahrnehmen, z. B.	**audīre, sentīre**	*hören, fühlen*
empfinden, z. B.	**gaudēre, mīrārī**	*sich freuen, sich wundern*
wollen, z. B.	**velle, pollicērī**	*wollen, versprechen*
unpersönl. Ausdrücke	**cōnstat, apertum est**	*es steht fest, ist offensichtlich*

Acilius **contendit** **Afrānium** propter mē in aerumnās incidere **posse**. — *Acilius behauptet, dass Afranius meinetwegen in Unannehmlichkeiten geraten kann.*

Doleō **Afrānium** in tantās aerumnās propter mē **incidisse**. — *Ich bedaure, dass Afranius meinetwegen in solche Unannehmlichkeiten geraten ist.*

Prōmittō **Afrānium** propter mē in aerumnās nōn **incāsūrum** (**esse**)! — *Ich verspreche, dass Afranius meinetwegen nicht in Unannehmlichkeiten gerät/geraten wird!*

Im späteren Latein tritt der AcI stark zurück, seine Stelle nehmen **ut-** und **quod-**Sätze (*dass*) ein. (Die finden sich aber auch schon zu Zeiten Ciceros!)

- Praktisch nur bei Verben der sinnlichen Wahrnehmung trifft man einen *Akkusativ mit Partizip* an; diese Struktur ist annähernd bedeutungsgleich mit dem AcI, doch ist hier besser mit einem *wie* zu übersetzen:

  Tībīcinam **cantantem** audiō! — *Ich höre, wie die Flötenspielerin spielt!*

Zur berichteten Rede: ▸ S. 174 (Anhang).

VERWEISEN UND KENNZEICHNEN – DIE PRONOMINA

Wie Substantive und Adjektive bezeichnen die Pronomina Elemente der realen oder gedanklichen Außenwelt oder benennen deren Merkmale. Während solche Nomina diese Elemente direkt benennen, steckt in den ‚Pro'-nomina nur ein *Bezug* auf das Gemeinte, das nur aus dem Zusammenhang heraus deutlich ist. Die grammatische Rolle der Pronomina ist je nachdem die von Stellvertretern oder von Begleitern eines Substantivs.

Eine bedeutsame Eigentümlichkeit: kein bestimmter und unbestimmter Artikel im Lateinischen

Ausgerechnet eine der im Deutschen und den modernen europäischen Sprachen häufigsten Wortarten fehlt im Lateinischen: der bestimmte und der unbestimmte Artikel *der, die, das* bzw. *einer, eine, ein*, die sich bei den meisten Wörtern als *Begleiter* einfinden.

Latein steht mit diesem Merkmal nicht allein da, und offenbar geht es auch ganz gut „ohne". Aber als Leser oder Hörer muss man sich stärker konzentrieren: Die *uns* vertrauten Signale für „bekannt oder im Text schon genannt" und „unbekannt oder im Text noch nicht genannt" fehlen.

Noch in manch anderen Bereichen ist das Lateinische übrigens mehr als knapp und zwingt so zum verschärften Mitdenken – was zwar mühsam sein kann, aber ja nicht unbedingt falsch sein muss.

Besondere Eigenschaften der Pronomina

- Die Formen der Pronomina folgen zumeist der o-/a-Deklination, zeigen allerdings oft Besonderheiten im Genitiv und Dativ Singular aller Genera sowie im Nominativ/Akkusativ Singular des Neutrums:

viele Pronomina				einzelne Pronomina	
Gen. Sg.	**-īus**	Dat. Sg.	**-ī**	Nom. / Akk. Sg. Ntr.	**-d**

- Treten Pronomina zusammen mit einer Form von **esse** (*sein*) als Prädikat auf, nehmen sie Kasus und Genus des Subjekts bzw. direkten Objekts an, während im Deutschen das Neutrum gebraucht wird:

Ill**a** est vēra amīcitia!	*Das ist wahre Freundschaft!*
Hunc atrōc**em** terrōr**em** sumus expertī.	*Das haben wir als grausamen Terror erfahren.*

Das geht sogar in Relativsätze hinein:

glōria (fem.), **quī** (mask.) est **frūctus** (mask.) vērae virtūtis	*Ruhm, der das Ergebnis wahrer Tüchtigkeit ist*

- Selbständige lateinische Pronomina stehen häufig im Neutrum Plural und werden dann im Deutschen mit Singular wiedergegeben:

Haec fāta est Sibylla: ...	*Folgendes sprach die Sibylle: ...*
Ea omnia fuērunt, quae vātēs dīxerat.	Das war alles, was die Seherin sagte („gesagt hatte").

Wichtig für den Ablauf der Gedankengänge in einem Text ist – wie im Deutschen – die „summierende" Funktion mancher Pronomina in Gestalt des Neutrums Singular oder Plural (z.B. **id**, **ea**; **hŏc**, **haec**; **quod**, **quae**; **tāle**, **tālia** u. a. m.). Diese unscheinbaren Wörter können den Inhalt oder den Gedanken eines ganzen Satzes, Absatzes oder noch mehr in sich tragen, haben dann also kein direktes Beziehungswort, sondern einen Bezugskontext, beispielsweise

Quod erat dēmōnstrandum.	*Was zu beweisen war.*
Dum **haec** geruntur, ...	*Während das geschieht, ...*

1. Ich, du und der Rest: Das Personalpronomen

Nach ihrer Funktion lassen sich die Personalpronomina sinnvoll auch als **Subjekt-** bzw. **Objektpronomen** bezeichnen.

Zwei Rollen sind beim Sprechen recht übersichtlich festgelegt – die des Sprechers und die des Angesprochenen. *Ich* und *du* tauschen dabei im Dialog die Plätze, bei *wir* und *ihr* sind *ich* und *du* mit einbezogen. Unübersichtlicher dagegen wird es beim ganzen „Rest" – siehe oben.

Die sog. Personalpronomina der 1. und 2. Person sind damit der Funktion nach keine ‚Pro'-nomina, keine Stellvertreter, sondern *Verweiser*, sie *verweisen* auf die Rollen *ich/wir* und *du/ihr*.

Beim Verbum – ▶ S. 33 – verzichtet der Römer bei der 1. und 2. Person in der Regel auf das Personalpronomen, fast immer bei der 3. Person, jedenfalls im Nominativ; das Verbum selbst enthält ihm Signal genug. Auch in anderen Kasus geht er sparsamer damit um als etwa das Deutsche. Es ist also immer darauf zu achten, in welchen Zusammenhängen das Deutsche ggf. „ausführlicher" ist. Verwendung findet das Personalpronomen der 1. und 2. Person zur Verdeutlichung, zur Hervorhebung, aber auch aus Gründen des Satzrhythmus.

Eine Höflichkeitsform wie *Sie* kennt das Lateinische nicht.

Ich, wir - du, ihr: Die 1. und 2. Person

	1. Sg.	1. Pl.	2. Sg.	2. Pl.
Nom.	egŏ̄	nōs	tū	vōs
Gen.	meī	nostrī nostrum	tuī	vestrī vestrum
Dat.	mihĭ̄	nōbīs	tibĭ̄	vōbīs
Akk.	mē	nōs	tē	vōs
Abl.	mē	nōbīs	tē	vōbīs

Die Formen **nostrī** und **vestrī** (mit dem bekannten -ī des Genitivs Singular) finden sich, wenn etwa eine Ergänzung im Genitiv nötig ist, z. B. **odium vestrī** *Hass auf euch* (stattdessen genauso **odium in vōs**); die Form mit dem **-um** des Genitivs Plurals wird gebraucht, wenn eine Teilmenge aus einer Gesamtmenge bezeichnet wird, etwa **multī nostrum** *viele von uns* (auch: **multī ē nōbīs**).

Die Präposition **cum** *mit* wird im Ablativ regelmäßig angehängt: **tēcum**, **nōbīscum** usw. (vgl. spanisch **contigo** *mit dir*):

pāx vōbīscum — *Friede sei mit euch!*

Das Personalpronomen, das ohnehin schon eine gewisse Hervorhebung ausdrückt, lässt sich mit verschiedenen Mitteln noch weiter akzentuieren, etwa:

egōmet	*ich für mein Teil*	mihīmet	*mir jedenfalls*
egōpte	*ich wenigstens*	mihīmet ipsī	*gerade mir*
tūte	*gerade du*	sēmet, sēsē	*sich selbst*

Die ganze Welt vor Augen: Die „3. Person"

Als Pronomen der sog. 3. Person dienen im Lateinischen einerseits hauptsächlich

- **is, ea, id** (▶unten S. 150) oder auch **ille, illa, illud**, andererseits das
- Reflexivpronomen **sē** (*sich*) usw. (natürlich ohne Nominativ):

	Sg./Pl.	
Gen.	suī	*seiner, ihrer*
Dat.	sibĭ̄	*sich*
Akk.	sē	*sich*
Abl.	sē, sēcum	*sich, mit sich*

Während im Deutschen die Reichweite des Reflexivpronomens auf das zum Prädikat gehörige Subjekt begrenzt ist:

Tum Narcissus **sē** in aquā **spectāvit**. — *Da erblickte sich Narcissus im Wasser.*

kann im Lateinischen das Subjekt des Hauptsatzes auch auf Nebensätze (einschl. AcI ▶S. 143 und Partizipialsatz ▶S. 132) ausstrahlen und dort in Form des Reflexivpronomens wiederkehren:

Iūlia optāvit, ut Lūcius **sibī** cōnfīderet. — *Julia wünschte sich, dass Lucius ihr vertraute.*

Cassius cōnstituit, ut lūdī ⌈absente **sē**⌋ fierent **suō** nōmine. — *Cassius beschloss, dass, ⌈wenn er abwesend sei⌋, in seinem Namen Spiele abgehalten werden sollten.*

Narcissus eum in aquā spectāvit heißt hingegen *Narcissus sah ihn im Wasser* (also jemand anderen, der vorher erwähnt war).

Allerdings muss man beim Reflexivpronomen (**sē** usw.) im Nebensatz aufpassen, denn je nach Zusammenhang kann es auch auf ein Element des Nebensatzes verweisen. Ein Satz wie der soeben angeführte ist daher scheinbar (also außerhalb eines Kontextes) doppeldeutig:

Iūlia optāvit, ut Lūcius **sibī** cōnfīderet. — *Julia wünschte sich, dass Lucius auf sich vertraute.*

2. Mein oder Dein: Possessivpronomina

	Singular	Plural	reflexiv
1. P.	meus, -a, -um *mein*	noster, -tra, -trum *unser*	
2. P.	tuus, -a, -um *dein*	vester, -tra, -trum *euer*	
3. P.	(ēius)	(eōrum, eārum)	suus, -a, -um

Die sog. Possessivpronomina zeigen nur in bestimmten Fällen „Besitz" an. Allgemein gesagt, bezeichnen sie eine *Zugehörigkeit*. Auch im Gebrauch der Possessivwörter ist das Lateinische wieder meist knapper als das Deutsche:

Iūlia amīcum vocat. — *Julia ruft ihren Freund.*

Ansonsten werden die Possessivpronomina der 1. und der 2. Person sprachgleich verwendet.

Für die 3. Person dagegen kennt das Lateinische wie im Fall des Personalpronomens nur ein eigenes *reflexives* Possessivpronomen: **suus, -a, -um**; dieses verweist auf die Zugehörigkeit zum Subjekt des Satzes, sodass im Deutschen je nachdem *sein* oder *ihr* zu formulieren ist. Dieser Sachverhalt findet sich auch in den romanischen Sprachen.

Ēmptōrēs bolum **suum** [esse] āiunt, piscātōr **suum**. — *Die Käufer versichern, es sei ihr Fang, der Fischer, es sei der seine.*

In den übrigen Fällen verwendet das Lateinische den jeweils passenden Genitiv von **is, ea, id**, also **ēius, eōrum/eārum**, oder auch die Genitive **illīus, illōrum/illārum**. Das Deutsche benutzt hier ebenfalls *sein* bzw. *ihr*, zur Verdeutlichung ist aber ggf. der Genitiv *dessen* bzw. *deren* zu benutzen:

(Die Rede ist von Verschwörern:)
Itaque cēnsuit (Caesar) pecūniās **eōrum** pūblicandās esse. — *Daher beschloss Cäsar, dass ihr/deren Vermögen zu konfiszieren sei.*

Auch für das reflexive Possessivpronomen **suus, -a, -um** gilt, dass es aus einem Nebensatz in den Hauptsatz „hineingreifen" kann:

Siculī ōrābant, ut Cicerō ⌈patrōnus **suus** esset⌋. — *Die Einwohner Siziliens baten, dass Cicero ⌈ihr Anwalt wäre (sein sollte)⌋* [im Prozess gegen gegen den räuberischen Statthalter Verres].

- Auch **meus, tuus, suus (-a, -um)** werden als Begleiter (also adjektivisch: **mea culpa** *meine Schuld*) oder selbständig (substantivisch) gebraucht:

Suī eum interfēcērunt.	*Seine eigenen Leute brachten ihn um.*
Omnia mea mēcum portō.	*Meine ganze Habe („alles Meinige") trage ich bei mir.*
Nostrum est lēgibus obtemperāre.	*Es ist unsere Pflicht, den Gesetzen zu folgen.*

Weitere Possessivadjektive:

proprius, -a, -um	*eigen, von mir usw. selbst*
aliēnus, -a, -um	*einem andern gehörig, fremd*

3. Orientierung in Raum und Zeit: Die Demonstrativpronomina

Das Fehlen eines Artikels wird im Lateinischen durch ein feines Instrumentarium an Demonstrativpronomina aufgewogen, deren Gebrauch sehr differenziert ist und stets zu Überlegungen zur jeweils angemessenen deutschen Ausdrucksweise herausfordert. Man übersetzt keinesfalls unbedingt „richtig", wenn man dem bekannten Schema F folgt und im Deutschen nur *dieser* oder *jener* gebraucht.

Orientierung in der Rede: Der Textverweiser is, ea, id

Das so unscheinbare wie wichtige Pronomen **is, ea, id** besitzt eine Eigentümlichkeit, die nicht weiter auffällt, wenn man nicht Latein sprechen oder schreiben muss: Dieses Pronomen verweist ausschließlich auf etwas, das *im Text* genannt wird bzw. wurde. Es kann dabei auf Gesagtes zurück- und auf noch Kommendes vorausverweisen, dient also dem Sprecher *nicht* dazu, auf etwas „mit dem Finger" zu zeigen. Die angemessene Wiedergabe dieses Pronomens im Deutschen liegt daher je nach gedanklichem Kontext zwischen dem Personalpronomen *er, sie, es* sowie (betontem) *der, die, das* oder auch *dieser, diese, dieses*.

	Singular m.	f.	n.	Plural m.	f.	n.
Nom.	is	ea	id	eī/iī	eae	ea
Gen.		ēius		eōrum	eārum	eōrum
Dat.		eī			eīs/iīs	
Akk.	eum	eam	id	eōs	eās	ea
Abl.	eō	eā	eō		eīs/iīs	

Der Genitiv **ēius** wird ĕjjus gesprochen (kurzes ĕ, langes j).

Adverbien:
eō *dorthin*; **eā** *dort, da*; **ibĭ** *dort*; **inde** *von dort*

Pronomina „mit Zeigefinger"

Das Deutsche kennt als Demonstrativpronomina mit „Zeigegestus" die Wörter *dieser (diese, dieses), der (die, das)* und *jener (jene, jenes),* evtl. ergänzt um die Adverbien *hier* bzw. *da, dort*. Das Pronomen *jener* wird hauptsächlich schriftsprachlich gebraucht und hat seine Funktion im Kontrast zu *dieser* – in Gegenüberstellungen verweist *dieser* auf das näher Liegende oder zuletzt Genannte, *jener* auf das ferner Liegende, früher bzw. später Genannte.

Demgegenüber trifft das Lateinische recht penibel andere Unterscheidungen, und zwar verweist

- das Pronomen **hic, haec, hoc** auf das nähere *Umfeld des Sprechers*;
- das Pronomen **ille, illa, illud** auf alles, was der Sprecher als von sich entfernter gelegen ansieht, also auf *die gesamte entferntere Außenwelt*;
- das Pronomen **iste, ista, istud** auf alles, was der Sprecher dem *Umfeld des Angesprochenen*, also des Hörers/Lesers, zuordnet.

Grundsätzlich verweisen alle diese Pronomina dabei auf räumliche, zeitliche und gedankliche Sachverhalte. In gesprochener Rede kann man mit ihnen auf direkt vor den Augen Liegendes – Personen oder Dinge – „zeigen"; in Texten verweisen sie wie **is, ea, id** auf zurückliegende oder noch folgende ‚Textorte'. Dabei hat **iste, ista, istud** die Eigenschaft, den Leser direkter in die Darlegung einzubeziehen.

hic, haec, hoc: *der, die, das hier; dieser, diese, dieses*

	Singular			Plural		
	m.	f.	n.	m.	f.	n.
Nom.	hic	haec	hoc	hī	hae	haec
Gen.		hūius		hōrum	hārum	hōrum
Dat.		huic			hīs	
Akk.	hunc	hanc	hoc	hōs	hās	haec
Abl.	hōc	hāc	hōc		hīs	

Das angehängte **-c(e)** bildet sozusagen einen verstärkenden Zeigefinger; nicht selten steht es auch bei anderen Kasus als hier aufgeführt, z. B. **hūiusce** oder **hōsce**. Das Neutrum (Nom./Akk.) **hŏc** hat ein kurzes o und wird auch hŏcc gesprochen (gilt als lange Silbe). Der Genitiv **hūius** wird hŭjjus gesprochen.

Adverbien:
hīc *hier*; **hūc** *hierher*; **hāc** *hier, auf dieser Seite*; **hāctenus** *bis soweit*; **hinc** *von hier*

ille, illa, illud: *dieser, diese, dieses (dort)*; *der, die, das (dort)*; *jener, jene, jenes*

	Singular			Plural		
	m.	f.	n.	m.	f.	n.
Nom.	ille	illa	illu**d**	illī	illae	illa
Gen.		illīus		illōrum	illārum	illōrum
Dat.		illī			illīs	
Akk.	illum	illam	illud	illōs	illās	illa
Abl.	illō	illā	illō		illīs	

Das Pronomen **ille, illa, illud** steht nicht selten in der Funktion eines bestimmten Artikels *der, die, das* bzw. Personalpronomens *er, sie, es*. Es wurde so zum Vorläufer des bestimmten Artikels und des Personalpronomens in den romanischen Sprachen.

Adverbien:
illō, **illīc** *dort*; **illā**, **illāc**, **illūc** *dorthin*; **illinc** *von dort*

Da **ille** in diesem Sinne auf etwas anerkanntermaßen Bekanntes verweisen kann, finden sich Wendungen mit Genitiv wie
illud Cicerōnis *jener bekannte Ausspruch Ciceros.*

iste, ista, istud: *der,die, das da* **(bei dir)**

	Singular m.	f.	n.	Plural m.	f.	n.
Nom.	iste	ista	istu**d**	istī	istae	ista
Gen.		istīus		istōrum	istārum	istōrum
Dat.		istī			istīs	
Akk.	istum	istam	istu**d**	istōs	istās	ista
Abl.	istō	istā	istō		istīs	

Adverbien: istīc *dort*; **istūc** *dorthin*; **istinc** *von dort*; **istāc** *dort, dorthin*

Dieses Pronomen besitzt mit seiner Hinwendung zum Angesprochenen bzw. in Texten mit seiner Wendung an den Leser bisweilen herabsetzenden Sinn, z. B. **iste homō** *dieser Kerl da*.

Besonders bei den vorstehenden Demonstrativpronomina kommt es darauf an,bei der Übersetzung das gebräuchliche deutsche Äquivalent zu wählen, das man selbst benutzen würde.

Identifizieren und hervorheben

Das Pronomen **īdem, eadem, ĭdem** dient dem Vergleich, bei dem die verglichenen Elemente miteinander identisch oder gleich sind. Die Formen folgen denen von **is, ea, id**, von dem das Wort abgeleitet ist.

īdem, eadem, idem: *derselbe, dieselbe, dasselbe*

	Singular m.	f.	n.	Plural m.	f.	n.
Nom.	īdem	eădem	ĭdem	īdem	eaedem	eădem
Gen.		ēiusdem		eōru**n**dem	eāru**n**dem	eōru**n**dem
Dat.		eīdem				īsdem
Akk.	eu**n**dem	ea**n**dem	ĭdem	eōsdem	eāsdem	eădem
Abl.	eōdem	eādem	eōdem		īsdem	

Das Neutrum **ĭdem** hat ein kurzes i. Neben **īsdem** kommt auch die Form **iīsdem** vor, **ēiusdem** spricht sich ejjusdem.

Adverbien:
eōdem *ebendorthin, ebendort*; **eādem** *ebenda, auf demselben Weg*; **ibidem** *an derselben Stelle*; **identidem** *immer wieder*

Das Element, mit dem verglichen wird, wird meist durch **atque** *sowie, und* oder ein Relativpronomen im selben Kasus angeschlossen, aber auch durch **cum** oder Dativ:

īdem **atque** tū	*derselbe wie du*
eōsdem librōs lēgī **quōs** Epicūrus	*ich habe dieselben Bücher gelesen wie Epikur*
In **eādem mēcum** Āfricā illī genitī sunt.	*Ebenso wie ich wurden sie in Afrika geboren.*

Nicht selten findet man das Neutrum mit einem Genitiv verbunden:

⌈**ĭdem cōnsiliī**⌋ tibi dedī	*⌈denselben Ratschlag⌋ gab ich dir*

In prädikativen (▶ S. 138) Fällen wie den folgenden übersetzt man z. B. mit *zugleich*:

Sermō hominum mōrēs ⌈et cēlat et indicat⌋ **īdem**.	*Die Sprache verbirgt und offenbart zugleich die Sitten der Menschen.*

ipse, ipsa, ipsum: *„selbst"*

Das Pronomen **ipse, ipsa, ipsum** hebt den Begriff, bei dem es steht, besonders hervor.

	Singular m.	f.	n.	Plural m.	f.	n.
Nom.	ipse	ipsa	ipsum	ipsī	ipsae	ipsa
Gen.		ipsīus		ipsōrum	ipsārum	ipsōrum
Dat.		ipsī			ipsīs	
Akk.	ipsum	ipsam	ipsum	ipsōs	ipsās	ipsa
Abl.	ipsō	ipsā	ipsō		ipsīs	

Im Deutschen stehen dafür verschiedene Ausdrücke:

Caesar ipse	*Cäsar selbst, persönlich*
ad mare ipsum	*direkt am Meer*
prūdentia ipsa	*Klugheit an sich*
eōdem ipsō diē	*gerade an demselben Tag*
ipsa vīdit	*sie selbst sah es*

tālis, -e und tantus, -a, -um: Qualität und Quantität

Die pronominalen Adjektive **tālis, -e** (*so beschaffen, solch, derartig*) und **tantus, -a, -um** (*so groß, so bedeutend, so viel*) verweisen als Begleiter auf Elemente, deren Qualiät bzw. Quantität sie hervorheben:

tālis urbs *eine solche Stadt*
tantum temporis (Gen.) *so viel Zeit*
tantus, -a, - um kann aus dem Kontext heraus die Bedeutung *‚nur' so groß* usw. erhalten.

- Beide können als *Vorverweiser* im Konsektutiv- oder Definitionssatz auftreten, ▶ S. 86. Eine wichtige Rolle spielen sie auch als *Korrelativa* (▶ S. 168).

Adverbien:
tam *so, so sehr*; **tantum** *so sehr, so viel, in dem Grade; nur*; **tantopere** *so sehr*; **tantisper** *so lange*

„Wer denn?" – „Derjenige, welcher ...!" – Interrogativ- und Relativpronomen

Wer? Was? – Das Frage- (Interrogativ-)Pronomen

Das selbständige Fragepronomen weist wie im Deutschen keinen Plural auf und unterscheidet nur zwischen Fragen nach Personen (**quis?**) und Sachen / Vorgängen (einschließlich Tieren: **quid?**).

Nom.	quis		qui**d**
Gen.		cūius	
Dat.		cuī	
Akk.	quem		qui**d**
Abl.		quō	

cūius wird kŭjjus gesprochen. Bei der Verbindung des Ablativs **quō** mit der Präposition **cum** sagt man meist **quōcum**.

Quid vīs?	*Was willst du?*
Quem illīc vidētis?	*Wen seht ihr dort?*
Quōcum collocūtus (-a) es?	*Mit wem hast du (m./f.) dich unterhalten?*

Adverbien

quā?	*wie?*	**quōmodo?**	*wie?*	**quī?**	*wie?*	**quid?**	*warum?*
ubī?	*wo?*	**unde?**	*woher?*	**quō?**	*wohin?*	**quandō?**	*wann?*

Beachten Sie das (seltenere) Adverb **quī**: **Quī fit?** *Wie kommt das?*

Das Interrogativpronomen als Begleiter (Adjektiv) gibt es im Singular und Plural und hat dieselben Formen wie das nachfolgend besprochene Relativpronomen; mit ihm wird eine Auskunft zu einem/einer speziellen Objekt/Person erfragt:

Quārum rērum indigētis?
Quibus rēbus opus est vōbīs? } *Welche Dinge braucht ihr?*

Variante: quisnam? quidnam? *wer denn? was denn?* **quīnam, quaenam, quodnam?** *was denn für ein ...?*

Relativpronomen und Relativsätze

quī, quae, quod: *der, die, das; welcher, welche, welches*

	Singular			Plural		
Nom.	quī	quae	quod	quī	quae	**quae**
Gen.		cūius		quōrum	quārum	quōrum
Dat.		cuī			quibus	
Akk.	quem	quam	quod	quōs	quās	quae
Abl.	quō	quā	quō		quibus	

Für **quibus** kann auch die Form **quīs** begegnen, der Ablativ verbunden mit **cum** (*mit*) lautet meist **quōcum**, **quācum**, **quibuscum**.

Das Relativpronomen dient dazu, einen Satz mit einem anderen zu verknüpfen, mit dem er ein Element gemeinsam hat. Auf diese Weise kann man sich also knapper oder weniger umständlich ausdrücken, bei Wunsch aber auch jemand/etwas ausführlicher beschreiben, wie es nur mit einem erläuternden Satz möglich ist:

Vulpēs **ūvam** altā in vineā appetēbat, **quam** tangere nōn potuit.
Ein Fuchs versuchte an einem hohen Rebstock an eine Traube heranzukommen, die er aber nicht fassen konnte.

Nunc nummōs aureōs in manū tenet **Myrmēx**, **quī** nec aereos nōverat.
Jetzt hält Myrmex Goldstücke in der Hand, der sonst nicht einmal Kupfermünzen kannte.

Anders als im Deutschen kann das Relativpronomen im Relativsatz bisweilen als Begleiter (adjektivisch) auftreten; am elegantesten macht man aus dem begleiteten Substantiv eine Beifügung (Apposition) zum eigentlichen Beziehungswort:

Frūmentum, **quae** sōla **alimenta** ex īnspērātō fortūna dederat, ab ōre raptum est. *Das Getreide, die einzige Nahrungsquelle, die das Schicksal unverhofft gegeben hatte, wurde ihnen vom Munde weggerissen.*

Besonderes Augenmerk ist in den Fällen nötig, bei denen „typisch lateinische" Strukturen wie der AcI (▶ S. 143 oder der Ablativ (▶ S. 135) innerhalb eines Relativsatzes auftreten; in solchen Fällen muss man die lateinische Ausdrucksweise „entwirren" (hier ein Beispiel mit AcI):

Cicerō, **quem** inter māximōs ōrātōrēs Rōmanōs **esse cōnstat**, dē rē pūblicā etiam valdē est meritus. *Cicero, von dem feststeht, dass er zu den größten römischen Rednern gehört, hat sich auch sehr um die römische Republik verdient gemacht.*

trānquillitātem animī dīcō **quā** nūlla est **māior** beātitūdō *die Ruhe des Gemüts meine ich, im Vergleich zu der es kein größeres Glück gibt*

- im Vergleich mit Komparativ: **quō māior ..., eō (hōc) melior** ... *je größer ..., desto besser ...*

Der relativische Anschluss

Rēs loquitur ipsa, iūdicēs; **quae** semper valet plūrimum. *Die Sache spricht für sich, meine Herren Richter, und das wiegt immer am schwersten.*

Im Lateinischen wird in bestimmten Fällen ein Relativpronomen gewählt, wo im Deutschen ein Satz mit einem Demonstrativpronomen angeschlossen wird; normalerweise wird man dann mit einem Demonstrativum übersetzen. Relativsätze dieser Art kommen nicht beliebig vor, sondern sie enthalten einen weiterführenden Gedanken und sind in dem Sinne kein übliches ‚Attribut'.

Selbständige Relativsätze

So wie man mit einem Relativsatz ein komplexeres Attribut formulieren kann (*sie trug eine gelbe Jacke – sie trug eine Jacke, deren Gelb ihn an die Sonnenblumen van Goghs erinnerte*), lässt sich das Relativpronomen dazu verwenden, Sätze zu bilden, die auch ein komplexeres Subjekt oder Objekt vertreten. Dabei darf man sich nicht durch die Form des Relativpronomens irritieren lassen; im Deutschen gibt es das genauso, doch treten meist Stützwörter hinzu:

Bis dat, **quī** dat celeriter:	*Zweimal gibt, wer schnell gibt.*
quī-Satz ist Subjekt	
Quem dī dīligunt, adulēscēns mōritur.	*Wen die Götter lieben, der stirbt jung.*
quem-Satz ist Subjekt.	
Valērius dat, **quī** prōsequantur:	*Valerius gibt (Leute mit), die (den Abgesandten) begleiten sollten.*
quī-Satz ist Objekt.	

Mit Subjekt- bzw. Objektsätzen dieser Art sind ganz spezielle Personen oder Dinge gemeint, auch wenn sie individuell unbekannt sein können. Nimmt man jedoch Bezug auf nicht direkt bezeichenbare Personen oder Dinge, über die etwas Bestimmtes gesagt werden kann, verwendet man das *verallgemeinernde Relativpronomen*.

Verallgemeinernde Pronomina

quīcumque, quaecumque, quodcumque

Bedeutung: *wer auch immer, jeder, der;* (Ntr.) *alles, was*

Dekliniert wird der erste Bestandteil, der exakt wie das Relativpronomen lautet; an diesen wird das unveränderliche **-cumque** angehängt: **cūiuscumque, cuīcumque, quemcumque** usw.

Quīcumque turpī fraude semel innōtuit, etiamsī vērum dīcit, āmittit fidem.	*Wer auch immer (jeder, der) einmal durch schändlichen Betrug bekannt geworden ist, verliert das Vertrauen, auch wenn er die Wahrheit sagt.*

Die Erweiterung **-cumque** findet sich etwa auch bei **quāliscumque** *wie beschaffen auch immer* und **quantuscumque** *wieviel auch immer* oder **quotcumque** *wieviele auch immer*.

Adverbien: quōcumque *wohin auch immer*, **quācumque** *wie auch immer*, **ubīcumque** *wo auch immer*.

quisquis, quidquid (quicquid)

hat eine ähnliche Aufgabe wie **quīcumque**. Dieses Pronomen begegnet so gut wie ausschließlich im Nominativ oder Akkusativ (im Ablativ als

Adjektiv: **quōquō modō**: *auf jede Weise*). Bedeutung: *jeder, alles was* (aus einer bestimmten Gruppe, der für sich aber nicht benannt wird):

Quidquid dēlīrant rēgēs - plēctuntur Achīvī.	*Egal was die Könige sich Unsinniges ausdenken, bestraft werden die Achäer* [die Griechen vor Troja; gemeint: die Völker überhaupt].

Adverb: quōquō *wohin auch immer*

Irgendwer, Alle, Jeder, Keiner, Viele - unbestimmte Pronomina

Die Sprache braucht Mittel, mit der sie die Elemente der oft unbekannten oder unüberschaubaren, im Einzelnen nicht fassbaren außersprachlichen Welt in geeigneter Weise ansprechen kann. Dazu dient ein differenziertes Spektrum an Verweiswörtern, die selbständig (substantivisch) oder als Begleiter (adjektivisch) verwendet werden. In ihrer Bedeutung sind sie im Grunde nicht von den Zahlwörtern abgrenzbar, da sie zum Teil unbestimmte Mengen bezeichnen.

Ganz logisch erscheint es, dass das allgemeinste Pronomen dieser Art mit dem Fragepronomen **quis? quid?** gleich lautet:

quis, quid und quī, qua, quod

Deklination zur Erinnerung: **cūius, cuī, quem, (quam), quō (quā)** (▶ S. 125). Bedeutung: *irgendwer, irgend(einer), irgendetwas.*

quis, quid ist das selbständige Wort; **quī, qua, quod** (auch Neutrum Plural meist **qua**) stehen als Begleiter.

Das gleiche Wort haben wir im Deutschen, wo es unbetont am Satzende steht: *Da kommt wer. Ich höre was.* Und genauso verhält es sich im Lateinischen, es wird tonlos an ein anderes Wort angehängt, allerdings nur an **sī** *(wenn)*, **nisī** *(wenn nicht)*, **nē** *(damit nicht)*, **num** *(ob)*:

Sī **quis** hoc dīcit, ...	*Wenn wer/einer das sagt, ...*
Nē **qua** calamitās accidat, ...	*Damit nicht ein Unglück passiert, ...*
Vēnerit **quis** ...	*Es könnte einer/jemand kommen ...*

Adverbien:
quō *irgendwohin*, **quandō** *irgendwann*

aliquis, aliquid und aliquī, aliqua, aliquod

Das unbestimmte Pronomen **quis, quid** usw. nimmt an den meisten Stellen eines Satzes die Vorsilbe **ali-** (eigtl. *ein anderer*, s. u. **alius, -a, -ud**) an. **aliquis, aliquid** sind die selbständige (substantivische) Form, **aliquī, aliqua, aliquod** die adjektivische.

Deklination: **aliquis, alicūius, alicui, aliquem, aliquō** usw. wie quis, quid bzw. quī, quae, quod.

Bedeutung: *irgendeiner, -eine, -etwas* (unbekannt, auf den/das Gemeinte/n individuell kommt es nicht an)

Trāniō! Age, canem istam ā foribus **aliquis** abdūcat fac!	*Tranio! Los, sieh zu, dass jemand diesen Köter da von der Tür wegschafft!*
aliquī Rōmānī	*manche Römer*
Est **aliquid** nūpsisse Iovī.	*Es ist schon was, Jupiter zu heiraten.*
trēs **aliquī** aut quattuor Graecī	*ungefähr drei oder vier Griechen*

Adverbien: aliquō *irgendwohin*, **alicubī** *irgendwo*, **alicunde** *irgendwoher*, **aliquandō** *irgendwann*

quisquam, (quaequam,) quidquam (quicquam)

Deklination: **cūiusquam, cuīquam, quemquam, quōquam** usw. Dieses Pronomen tritt nur selbständig auf.

Bedeutung: *(irgend)jemand, (irgend)einer, (irgend)etwas*, jedoch im Kontext als eher unwahrscheinlich oder fiktional hervorgehoben

Iūstitia nōn modo numquam nocet **cuīquam**, sed contrā allicit.	*Gerechtigkeit schadet nicht nur niemals jemandem, sondern sie ist im Gegenteil anziehend.*

Die gleiche Bedeutung in der Funktion als Begleiter (Adjektiv) hat das Pronominaladjektiv **ūllus, -a, -um** (▶ S. 166 nūllus, -a, -um):

Negō id **ūllō** modō fierī posse.	*Ich streite ab, dass dies auf irgendeine Weise möglich ist.*

Adverbien: umquam/unquam *je(mals)*, **usquam** *(irgend)wo*

quispiam, quidpiam; quīpiam, quaepiam, quodpiam

Seltenes Wort, Bedeutung wie **aliquis** usw.: *irgendwer, irgendwas; irgendeiner*

quīdam, quaedam, quoddam

Wie zu erwarten, folgt auch dieses recht wichtige Pronomen in der Deklination dem Muster **quī, quae, quod**, also:

cūiusdam, cuīdam, quendam, quōdam usw. (zu beachten auch hier die lautliche Angleichung des m vor d zu n, auch im Genitiv Plural **quōrundam, quārundam**).

Bedeutung: *einer, ein Bestimmter* (bekannt, im Zusammenhang aber nicht genauer benannt, z. B. weil die genaue Identität keine Rolle spielt). Dieses Pronomen kommt noch am nächsten an die Bedeutung des deutschen unbestimmten Artikels heran, z. B.

Erant **in quādam** cīvitāte rēx et rēgīna, quī ...	*Es waren in einem Land ein König und eine Königin, die ...*

Es weist darauf hin, dass ein Element neu in den Text eingeführt wird, von dem dann noch die Rede sein wird; der *König* und die *Königin* gehören hier mit dazu, das Lateinische drückt sich meist so knapp wie möglich aus. Insbesondere im Plural ohne Beziehungswort verweist **quīdam** auf eine unbestimmte Menge von Elementen, die aber dem Sinn nach genau definiert sind:

Quīdam obviīs nārrant et in quāslibet aurēs exonerant, quae tantum amīcīs committenda sunt,.	*Bestimmte Leute/Manche, erzählen jedem auf der Straße* (obviīs) *und schütten in irgendwelche beliebige Ohren, was nur Freunden anzuvertrauen ist.*

In bestimmten Fällen, wenn **quīdam** ein anderes Adjektiv ergänzt, liegt eine Übersetzung z. B. mit dem Adverb *gewissermaßen, sozusagen* nahe:

īnsatiābilis **quaedam** cupīditās	*eine sozusagen unersättliche Begierde*

Adverb:
quondam *einstmals, einmal*

quīlibet, quaelibet, quodlibet

drückt explizit Beliebigkeit (**libet** *es beliebt*) aus; der Sprecher betont, dass er sich in keinerlei Hinsicht irgendwie festlegen will: *jeder beliebige, der erste Beste.* Das gleiche gilt für

quīvīs, quaevīs, quodvīs

wörtlich: *wer (was) du willst* (**„vīs"**) d. h. *jeder ohne Unterschied*

Auch noch pointiert: **quīvīscumque** *wer immer du willst* usw.

nesciō quis, quae, quod

Dieser Ausdruck heißt wörtlich *ich weiß nicht wer (was)* und steht ebenfalls in der Bedeutung von *irgendwer/irgendwas*:

Ībam **nescio quid** meditāns nūgārum.	*Ich ging so daher und dachte über irgendwelchen Krams nach.*

quisque, quaeque, quodque/quidque

Deklination: **cūiusque, cuīque** usw.

Bedeutung: *jeder für sich, jeder Einzelne* (aus einer Gruppe)

Der Gebrauch dieses Pronomens ist eingeschränkt: Es findet sich nur tonlos nach einem Reflexivpronomen, einem Fragepronomen, einem Superlativ oder einer Ordnungszahl:

Suae quisque fortūnae fāber est.	*Jeder ist seines Glückes Schmied.*
Germānī viātōres quaerunt, **quid quisque** eōrum dē quāque rē audīverit.	*Die Germanen befragen Reisende danach, was jeder von ihnen über jede einzelne Sache gehört hat.*
Optimus quisque māximē posteritātī servit.	*Gerade die besten dienen der Nachwelt am meisten* (dt. Plural!).
sextō quōque diē	*alle fünf (!) Tage* [lat. „jeden sechsten"]

Bei zwei Personen/Dingen steht **uterque, ụtrăque, utrumque** (▶ S. 164).

Adverbien:
ubīque *überall*, **ụndique** *von/auf allen Seiten, in jeder Hinsicht*; **utrimque** *auf beiden Seiten*, **utrōque** *nach beiden Seiten*

ūnusquisque, ūnaquaeque, ūnumquodque/ūnumquidque

ist eine Zusammensetzung von **ūnus, -a, -um** *einer* und **quisque, quidque** und hebt sprachlich den Aspekt des Einzelnen hervor: *jeder, jedes einzelne.*

omnis, omne

Dieses Pronomen bezeichnet *jeden, alles* als Teil einer - ggf. kollektiven - Gesamtheit (normale Formen der 3. Deklination).

Mediocritās ad **omnem** ūsum cultumque vītae trānsferenda est.	*Mäßigung ist auf die gesamte praktische und geistige Lebensführung zu übertragen.*
omnēs hominēs	*alle Menschen* (die ganze Spezies)
omnis homō	*jeder Mensch* (als einzelner Angehöriger dieser Spezies)
Gallia **omnis**...	*Gallien als Ganzes betrachtet...*

In gleicher Bedeutung:

- **cūnctus, -a, -um** *gesamt, ganz* im Singular bei Kollektivbegriffen, z. B. **cūnctus populus** *das ganze Volk*; Plural: **cūnctī, -ae, -a** *alle (zusammen)*, z. B. **cūnctī Iūliae amīcī** *alle Freunde von Julia (zusammengenommen)*;
- **ūniversus, -a, -um** *gesamt, komplett*, (Pl.) *alle (ohne Ausnahme)*; **sīgnum ūniversae pūgnae** *Zeichen zum allgemeinen Kampf*, **rēs ūniversa** *die Sache insgesamt*

Unbestimmte Mengenangaben

Der Bezeichnung unbestimmter Mengen dienen auch

multī, -ae, -a	*viele*
complūrēs, -a	*einige, ziemlich viele*
paucī, -ae, -a	*wenige*
cēterī, -ae, -a	*die Übrigen*

Diese Wörter finden sich ebenfalls selbständig und als Begleiter. Zur Steigerung *mehrere, mehr, weniger* usw. ▶ S. 24.

Adverbien:
multum *viel*, **magis** *mehr*, **cēterum** *übrigens*, **satis** (mit Genitiv) *genug* (**satis temporis** *genug Zeit*).

A und B im Doppelpack

Als Besonderheit verfügt das Lateinische über eine Gruppe von Pronominaladjektiven zur Bezeichnung einer *Zweizahl* (‚Dual'). Sie werden als Begleiter (adjektivisch) oder selbständig gebraucht und legen den Aspekt auf den jeweils Einzelnen von zweien. In der Kasusbildung folgen sie alle der o-/a-Deklination, doch typisch auch für sie sind die pronominalen Formen Gen. **-īus** und Dat. **-ī**.

uter, utra, utrum?	*wer (von beiden)?*
uterque, ụtrăque, utrumque	*jeder, beide (von zweien)*
neuter, -tra, -trum	*keiner (von zweien)*
alter, -era, -erum	*der eine; der andere (von zweien)*
alter … alter …	*der eine … der andere … (von zweien)*
Alter alterum laudat.	*Der eine lobt den andern. Beide loben sich gegenseitig.*

Adverbien: utrōque *nach beiden Seiten*; **utrimque** *auf/von beiden Seiten*; **neutrō** *nach keiner von beiden Seiten*

Das Prädikat steht bei diesen Pronomina im Singular:

Uterque cōnsul Rōmae ad**est**.	*Beide Konsuln sind in Rom zugegen.*

Pluralformen kommen etwa bei Pluralwörtern wie **castra**, **-ōrum** oder in selbständiger Verwendung vor:

portae **utrōrumque** (utrumque) castrōrum	*die Tore beider Lager*
utrīque cōnsentiunt	*beide Parteien, Gruppen stimmen zu*
Alterī dīmicant, **alterī** victōrem timent.	*Die einen kämpfen, die anderen fürchten den Sieg.*

Da *der andere von zweien* (**alter**) stets auch *der zweite* ist, ist das Wort in entsprechenden Fällen so wiederzugeben:

alter īdem	*ein zweites Ich (Selbst)*
annō centēsimō **alterō**	*im Jahre 102*

Ein weiteres Wort für *beide* ist **ambō, ambae, ambō** (Deklination wie **duo**, ▶ S. 27). Das Wort **ambō** nimmt *beide „zusammen"* in den Blick.

Einzig und allein

Ein Element aus anderen als einzig herausheben oder als einzigartig benennen lässt sich mit den Pronomina **ūnus, -a, -um** *einer* oder **sōlus, -a, -um** *allein*. Dabei betont **ūnus** die Ein-Zahl, **sōlus** die Isoliertheit.

- **ūnus, -a, -um** *ein, einer; ein einziger; einzigartig*

  Gen. Sg. **ūnīus** Dat. Sg. **ūnī**

Pluralformen von **ūnus, -a, -um** existieren bei Pluralwörtern, z. B. **litterae, -ārum** *Brief*: **ūnae litterae** *ein Brief*: Redewendung:

ūnō tempore	*zur selben Zeit*

Adverb:
ūnā *zusammen, zugleich*, z. B. **ūna venīre** *gemeinsam kommen* oft auch mit **cum**: **ūnā nōbīscum** *zusammen mit uns*

- **sōlus, -a, -um** *allein, einzig, nur*; je nach Kontext auch *einsam, menschenleer*

Gen. Sg. **sōlīus**	Dat. Sg. **sōlī**

Der Plural weist keine Besonderheiten auf. Hier kann das Wort auch eine Gruppe bezeichnen.

Beachte: **sōlus, -a, -um** *allein* tritt im Deutschen nur undekliniert nach seinem Beziehungswort oder vor dem Artikel auf, z. B. **sōlī amīcae** *der Freundin allein* oder *allein der Freundin.*

Adverbien:
sōlum *allein, bloß, nur*: **nōn sōlum** X, **sed etiam** Z (*nicht nur X, sondern auch Z*)
Ähnlich: **ūnicus, -a, -um**, z. B. **ūnicum remedium** *einziges, alleiniges Hilfsmittel*

Ungeteilt und insgesamt

Das Pronomen **tōtus, -a, -um** bezeichnet etwa wie **omnis, -e** die Gesamtheit, betont aber die Ganzheit, die Ungeteiltheit:

Tōtum mē philosophiae trādō.	*Ich widme mich voll und ganz der Philosophie.*
tōtīus Asiae (Genitiv als Ortsangabe)	*in ganz (Klein-)Asien*

tōtus, -a, -um weist ebenfalls die besonderen pronominalen Formen auf:

Gen. Sg. **tōtīus**	Dat. Sg. **tōtī**

Nichts und Niemand

In der Gedankenwelt lässt sich etwas als nicht vorhanden oder nicht gegeben betrachten oder ein Merkmal negieren. Die Sprache stellt hierzu viele Möglichkeiten zur Verfügung, im Bereich der Pronomina sind es im Lateinischen **nēmō**, **nihil** (beide selbständig gebraucht), **nūllus, -a, -um**, **neuter, -tra, -trum** (beide adjektivisch und selbständig).

- **nēmō** *keiner, niemand* (aus ne-homō, auch in der Bildung das gleiche Wort wie *niemand* ≈ „kein Mensch") wird vorwiegend selbständig (substantivisch) gebraucht, für einzelne Kasus treten die Formen des Pronomens **nūllus, -a, -um** *keiner, niemand* ein, das adjektivisch und selbständig verwendet wird:

Nom.	Gen.	Dat.	Akk.	Abl.
nēmō	nūllīus	nēminī	nēminem	nūllō

  nēmō adjektivisch: nēmō Thēbānus *kein Thebaner*

- **nūllus, -a, -um** *kein*, selbständig *keiner, niemand* hat die üblichen pronominalen Formen:

  Gen. Sg. **nūllīus** Dat. Sg. **nūllī**

  Verneint wird anders als im Deutschen nur das zugehörige Substantiv, nicht der ganze Satz; wenn der Satz verneint ist, findet sich **nōn** *nicht*.

- **nihil** oder **nīl** *nichts* (Nom. und Akk.) wird nicht dekliniert. Es gibt aber auch das Substantiv **nihilum** *nichts, das Nichts*, zu dem etwa der Ablativ **nihilō** und der Genitiv **nihilī** gehören (z. B. **prō nihilō putāre** oder **nihilī aestimāre** *geringschätzen*). Für andere Kasus tritt **nūlla rēs** *„keine Sache"* ein, also

Gen.	nūllīus reī	Dat.	nūllī reī	Abl.	nūllā rē

- **neuter** *keiner (von zweien)*: ▶ S. 164

Der Andere und das Andere

Im Lateinischen erfolgt auch die Benennung des Anderen differenziert danach, ob es sich um eine zahlenmäßig nicht erfasste Gruppe, um zwei Gruppen, den unbestimmt gelassenen Rest einer Gruppe oder um etwas Fremdes handelt. Da es überdies eine Frage der Sichtweise ist, wer denn *der/das Eine* und *der/das Andere* ist, erspart man es sich andererseits, den/das jeweils Gemeinte/n sprachlich auseinanderzuhalten.

- **alius, alia, aliud** bezeichnet *den/die/das Andere/n* gegenüber einer bestimmten genannten Gruppe:

  Est proprium stultitiae **aliōrum** vītia cernere, oblīvīscī **suōrum**. — *Es ist ein Charakteristikum von Dummheit, die Fehler der Anderen wahrzunehmen, die eigenen zu vergessen.*

  Jedoch in Gegenüberstellung:

  Aliīs cōnsilium, **aliīs** animus dēfuit. — *Den einen fehlte der Plan, den anderen der Mut.*

Die anderen als *der Rest* aus einer bestimmten Gruppe heißen **cēterī, -ae, -a**:

Ubī tribūnī plēbis sunt, ubī **cēterī** magistrātūs? — *Wo sind die Volkstribunen, wo die anderen Beamten?*

Für die Formen von **alius, alia, aliud** sowie **alter, altera, alterum** gilt das Gleiche wie für die übrigen Adjektive dieser Art:

Gen. Sg.	Dat. Sg.	Nom./Akk. Ntr.
alterīus (alīus)	**aliī**	**aliud**

Das Neutrum **aliud** trägt das z. B. von **id** bekannte -d als Endung. Wohl aus Gründen der Deutlichkeit lautet aber bei **alius, alia, aliud** der Genitiv **alterīus** (selten **alīus**), der Dativ ebenso oft **alterī**, seltener **aliī**.

- **alter, altera, alterum** ist *der andere (von zweien)*: ▶ S. 164

Eine wichtige Rolle spielen die beiden Pronomina zum Ausdruck der sog. Reziprozität, d. h. der wechselseitigen Übernahme einer bestimmten Handlungsrolle:

Alius aliī subsidium ferunt. — *Sie bringen einander Hilfe.*
Aliī nūntiī super **aliōs** urgent. — *Die Nachrichten überstürzen sich gegenseitig.*
Alter alterī inimīcus est. — *Sie beide sind gegenseitige Feinde.*

Dagegen heißt es im Sprichwort:

Manus manum lavat. — *Die eine Hand wäscht die andere.*

Adverbien:
aliter *anders,* **secus** *anders;* **aliō** *anderswohin,* **alibī** *anderswo,* **alicunde** *anderswoher,* **aliās** *ein andermal, sonst*

Beachte: **aliēnus, -a, -um**: *fremd, fremdartig, anderen gehörig*
peregrīnus, aliēnus, barbarus (-a, -um): *Ausländer, Fremder*

Wie du mir, so ich dir – Korrelativa

Eine ‚Korrelation' ist hier eine wechselseitige Beziehung der Quantität oder Qualität zweier Elemente oder zweier Gruppen untereinander:

Quot hominēs, tot sententiae. — *Wie viele Köpfe (Menschen), so viele Meinungen.*

Wie man schon an diesem Beispiel sehen kann, ‚korrelieren' die entsprechenden Wörter auch lautlich miteinander, und zwar sind das im Deutschen **s-** und **w-** und im Lateinischen **t-** und **qu-**, die untereinander die Verbindung herstellen:

Adjektive		Adverbien	
tālis ... quālis ...	*so, derartig, solch ein ... wie ...*	**tam ... quam ...**	*so ... wie ...*
tantus ... quantus ...	*so groß ... wie ...*	**tantum ... quantum ...**	*so sehr, so viel ... wie ...*
tantum ... quantum ...	*so viel ... wie ...*	**totiēns ... quotiēns ...**	*so oft ... wie ...*
tot ... quot ...	*so viele ... wie ...*	**quotiēnscumque ... quotiēns ...**	wie oft auch ... *so oft ...*
totidem ... quot ...	*ebenso viele ... wie ...*		

Die qu-Wörter finden sich auch in Fragen und als Basis für unbestimmte Pronomina im Bereich von Quantität und Qualität:

quālis, -e? *welcher Art? was für ein?*
quantus, -a, -um? *wie groß?*
quantum? *wie viel?*
quot? *wie viel(e)?*

quāliscumque, quāle- *von welcher Art auch immer*
aliquantus, -a, -um *ziemlich groß*
aliquantum *ziemlich (viel)*
aliquot *ziemlich viele*
quotquot *wie viele nur immer*

quotus, -a. -um? *der wievielte?*

quotcumque *wie viel(e) auch immer*
quotannīs *jedes Jahr*
cottīdiē (quotīdiē) *täglich*

Deklination:
tālis, -e, quālis, -e wie Adjektive der 3. Deklination; **tantus, -a, -um, quantus, -a, -um** wie die der a/o-Deklination. **tot** und **quot** usw. werden *nicht* dekliniert.

Den selbständig gebrauchten Neutra **tantum** usw. folgt eine Angabe im Genitiv, z. B. **quantum pecūniae?** (*wie viel Geld? wie viel Geldes?*). **tot** usw. stehen als Begleiter, z. B. **aliquot flōrēs** (*einige Blumen*).

Im Vergleich findet sich entsprechend **quō ..., eō ...** auch **quantō māior ..., tantō melior ...** *je größer ..., desto besser ...*

ANHANG

Grundzahlen und Ordnungszahlen

Ziffern		Grundzahlen	Ordnungszahlen
I	1	ūnus, -a, -um	prīmus, -a, -um
II	2	duo, duae, duo	secundus, -a, -um alter, altera, alterum
III	3	trēs, tria	tertius, -a, -um
IV (IIII)	4	quattuor	quārtus, -a, -um
V	5	quīnque	quintus, -a, -um
VI	6	sex	sextus, -a, -um
VII	7	septem	septimus, -a, -um
VIII	8	octō	octāvus, -a, -um
IX (VIIII)	9	novem	nōnus, -a, -um
X	10	decem	decimus, -a, -um
XI	11	ūndecim	ūndecimus, -a, -um
XII	12	duodecim	duodecimus, -a, -um
XIII	13	trēdecim	tertius decimus (-a, -um)
XIV	14	quattuordecim	quārtus decimus (-a, -um)
XV	15	quīndecim	quintus decimus (-a, -um)
XVI	16	sēdecim	sextus decimus (-a, -um)
XVII	17	septendecim	septi decimus (-a, -um)
XVIII	18	duodēvīgintī decem et octō	duodēvīcēsimus, -a, -um octāvus decimus (-a, -um)
XIX	19	ūndēvigintī decem et novem	ūndēvīcēsimus, -a, -um nōnus decimus (-a, -um)
XX	20	vīgintī	vīcēsimus, -a, -um
XXI	21	vīgintī ūnus ūnus et vigintī	vīcēsimus prīmus (-a, -um) ūnus et vīcesimus (-a, -um)
XXII	22	vīgintī duo duo et vīgintī	vīcēsimus alter (-a, -um) alter et vīcēsimus (-a, -um)
XXVIII	28	duodētrigintā trīgintā et octō	duodētrīcēsimus, -a, -um vīcēsimus octāvus (-a, -um)
XXIX	29	ūndētrīgintā vīgintī et novem	undētricēsimus, -a, -um vicēsimus nōnus (-a, -um)
XXX	30	trīgintā	trīcēsimus, -a, -um

Ziffern		Grundzahlen	Ordnungszahlen
XL (XXXX)	40	quadrāgintā	quadrāgēsimus, -a, -um
L	50	quinquāgintā	quīnquāgēsimus, -a, -um
LX	60	sexagintā	sexāgēsimus, -a, -um
LXX	70	septuāgintā	septuagēsimus, -a, -um
LXXX	80	octōgintā	octogēsimus, -a, -um
XC (LXXXX)	90	nōnāgintā	nōnāgēsimus, -a, -um
IIC	98	duodēcentum nōnāgintā octō	duodēcentēsimus, -a, -um nōnāgēsimus octāvus (-a, -um)
IC	99	ūndēcentum nōnāgintā novem	undēcentēsimus, -a, -um nōnāgēsimus nōnus (-a, -um)
C	100	centum	centēsimus, -a, -um
CI	101	centum ūnus, -a, -um	centēsimus primus (-a, -um)
CC	200	ducentī, -ae, -a	ducentēsimus, -a, -um
CCC	300	trecentī, -ae, -a	trēcentēsimus, -a, -um
CD (CCCC)	400	quadringentī, -ae, -a	quadringentēsimus, -a, -um
D	500	quīngentī, -ae, -a	quīngentēsimus, -a, -um
DC	600	sescentī, -ae, -a	sescentēsimus, -a, -um
DCC	700	septingentī, -ae, -a	septingentēsimus, -a, -um
DCCC	800	octingentī, -ae, -a	octingentēsimus, -a, -um
CM DCCCC)	900	nōngentī, -ae, -a	nōngentēsimus, -a, -um
M (ↀ, ∞)	1.000	mīlle	mīllēsimus, -a, -um
MM ($\overline{II}$)	2.000	duo mīlia	bis mīllēsimus, -a, -um
$\overline{IV}$	4.000	quattuor mīlia	quater mīllēsimus, -a, -um
$\overline{X}$	10.000	decem mīlia	deciēs mīllēsimus, -a, -um
$\overline{C}$	100.000	centum mīlia	centiēs mīllēsimus, -a, -um
$\lvert\overline{X}\rvert$	1.000.000	deciēs centēna mīlia	deciēs centiēs mīllēsimus, -a, -um

Außerdem finden sich z. B. als Zahlzeichen insbesondere auf Inschriften ↁ (5.000), ↂ (10.000), ↇ (50.000), ↈ (100.000).

Verteilungszahlen und Zahladverbien

	Verteilungszahlen	Zahladverbien
1	singulī, ae, a *je ein*	semel *einmal*
2	bīnī, -ae, -a, ae, a *je zwei*	bis *zweimal*
3	ternī, -ae, -a trīnī, -ae, -a) *je drei, usw.*	ter *dreimal, usw.*
4	quaternī	quater
5	quīnī, -ae, -a	quinquiēs
6	sēnī, -ae, -a	sexiēs
7	septēnī, -ae, -a	septiēs
8	octōnī, -ae, -a	octiēs
9	novēnī, -ae, -a	noviēs
10	dēnī, -ae, -a	deciēs
11	ūndēnī, -ae, -a	ūndeciēs
12	duodēnī, -ae, -a	duodeciēs
13	ternī dēnī (-ae, -a)	ter deciēs
18	duodēvīcēnī, -ae, -a	duodēvīciēs
20	vīcēnī, -ae, -a	vīciēs
21	singulī et vicēnī (-ae, -a)	semel et vīciēs
		vīciēs semel
30	trīcēnī	triciēs
40	quadrāgēnī, -ae, -a	quadrāgiēs
90	nōnāgēnī, -ae, -a	nōnāgiēs
100	centēnī, -ae, -a	centiēs
200	ducēnī , -ae,-a	ducentiēs
400	quadringēnī, -ae, -a	quadringentiēs
500	quīngēnī, -ae, -a	quīngentiēs
1.000	singula mīlia	mīliēs
3.000	trīna mīlia	ter mīliēs

Als unbestimmtes Zahladverb dient z. B. **complūriēs** *mehrmals*, **iterum** *wiederholt*. Alle diese Adverbien begegnen auch in der Form **-iēns** statt **-iēs**.

Die wichtigsten Konjunktionen und Subjunktionen

verbindende Konjunktionen	
et, -que	*und*
atque	*sowie, und*
etiam, (**et**)	*auch*
quoque	*auch*
neque, nec	*und nicht, auch nicht*
neque enim	*denn nicht*
neque vērō	*aber nicht*
nē X **quidem**	*nicht einmal X*
... nēve (**neu**)	*... und nicht*
aut	*oder* (schließt eine Möglichkeit aus)
vel, -ve	*oder* (Wahl gegeben)
sed, vērum	*aber,* (nach Negation) *sondern*
autem	*aber, doch, jedoch*
at	*jedoch*
tamen	*dennoch, trotzdem*
nihilōminus	*nichtsdestoweniger*
nam, namque enim, etenim	*denn, nämlich*
itaque, igitur	*also*
ergō	*also, folglich*
proinde	*insofern*

Subjunktionen	
cum	*multifunktional* ▶ S. 87
ut	*multifunktional* ▶ S. 82, 86, 87
nē	*dass, damit nicht*
quō (**ut eō**)	*damit umso* ▶ S. 83
quod	*dass; weil*
quōminus	*dass, dass nicht*
quīn	*dass; dass nicht*
dum	*während; bis;* ▶ S. 90
dōnec, quoad, quamdiū	*solange; solange bis*
postquam	*nachdem*
antequam, priusquam *	*bevor*
cum, ut, ubī (prīmum), simul(atque, ac)	*sobald (als)*
quia, quoniam	*weil, da*
quamquam	*obwohl, obgleich*
quamvīs	*wie sehr auch*
sī, nisī usw.	*wenn (nicht)* ▶ S. 78
etsī, etiamsī, tametsī, licet	*selbst wenn, auch wenn*
sī	*ob*
sīve ..., sīve ...	*ob ..., oder ob ...*
tamquam, quasī, velut sī, ac sī	*wie wenn, als ob*

korrespondierende Konjunktionen	
et X **et** Y	*sowohl X als auch Y*
X**-que** Y**-que**	*sowohl X als auch Y*
neque X **neque** Y	*weder X noch Y*

<table>
<tr><td>et X neque Y</td><td>einerseits X, andererseits Y nicht</td><td>*auch: ante ... quam, prius ... quam</td></tr>
<tr><td>aut X aut Y</td><td>entweder X oder Y</td><td rowspan="7">• Konjunktionen/Subjunktionen erhalten ihre exakte ‚Bedeutung' für uns erst aus dem grammatischen und situativen Kontext. Dies gilt insbesondere für multifunktionale Wörter wie cum (eigtl. „wann, wenn") und ut (eigtl. „wie").

• Logische Verhältnisse zwischen Sätzen müssen nicht unbedingt durch Konjunktionen ausgedrückt werden, man kann Sätze auch unverbunden nebeneinander stellen. Dafür gibt es den Begriff ‚Asýndeton' (griech). Ein Asyndeton kann logische Verhältnisse sogar zugespitzter zum Ausdruck bringen.</td></tr>
<tr><td>vel X vel Y</td><td>sei es X, sei es Y; entweder X oder Y</td></tr>
<tr><td>sīve X sīve Y
seu X seu Y</td><td>sei es X, sei es Y; entweder X oder Y</td></tr>
<tr><td>cum X, tum Y</td><td>wenn X, dann erst recht Y</td></tr>
<tr><td>modo X, modo Y</td><td>bald X, bald Y</td></tr>
<tr><td>nōn modo X, sed etiam Y</td><td>nicht nur X, sondern auch Y</td></tr>
<tr><td>nōn sōlum X, vērum etiam Y</td><td>nicht nur X, sondern auch Y</td></tr>
</table>

Die berichtete Rede (Oratio obliqua)

Der Redebeitrag einer Person kann in einem Text ‚wörtlich' als sog. ‚direkte Rede' ausgeformt sein, er kann jedoch auch von einem Berichterstatter referiert, also *berichtet* werden. Typisch für eine solche ‚berichtete Rede' ist eine mehr oder weniger starke Raffung des Inhalts, das Übergehen unwichtig und die Hervorhebung wichtig erscheinender Passagen.

Eine berichtete Rede ist also nie die direkte Umformung einer normalen Rede, sondern sie wird mehr oder weniger stark verändert.

Die Sprachform der berichteten Rede im Lateinischen unterscheidet sich von der im Standarddeutschen und im literarischen Deutsch. Für die Sprachform der berichteten Rede im Lateinischen gilt, dass

- die zugrunde liegenden selbständigen Sätze im AcI formuliert werden,
- die zugrunde liegenden abhängigen Sätze sowie Aufforderungen und Fragen in den Konjunktiv treten,

- (wie im Deutschen) eine ‚Verschiebung' der Pronomina erfolgt (**egō/nōs** ⇒ **sē**; **tū/vōs** ⇒ **ille/is, ea, id**; ursprüngliches **sē** sowie **is, ea, id** bleiben jedoch gleich).

Im Lateinischen kann dabei auch eine sehr lange berichtete Rede von einem einzigen den Bericht anzeigenden Prädikat (z. B. **dīcere** *sagen*) gestützt werden. Die beschriebene grammatische Form wird konsequent durchgehalten.

Im Deutschen hängt die Sprachform stark von der Sprachebene und der Textsorte ab. Grundsätzlich kann sie dort im Indikativ oder Konjunktiv gehalten sein. In beiden Fällen wird normalerweise nach bestimmten Abständen durch Variation einer den Redebericht tragenden Formulierung (z. B. *fuhr der Senator fort, nach Aussage des Referenten*) an die Redesituation erinnert. Wichtig ist, dass in der Ausformulierung keine Monotonie eintritt.

! Zu beachten ist insbesondere die Frage, worauf sich **sē/sibī/suus (-a, -um)** beziehen. Grundsätzlich kann es auch aus dem AcI hinaus in den übergeordneten (den AcI auslösenden) Satz hineingreifen (▶ S. 149).

Als Beispiel diene ein ganz kurzer Auszug aus dem Bericht eines Novizen des Isis-Kultes über Hinweise des Priesters für die Initiation (aus: Apuleius, *Der goldene Esel* XI, 21; gekürzt):

[Cēnsēbat sacerdōs:] **Nec** tamen **esse quemquam** dē suō numerō tam perditae mentis, **quī** – nōn sibī quoque seorsum **iubente** dominā – sacrilegum **audeat** ministerium subīre; nam et īnferum **claustra** in deae manū **posita esse**. Ergō igitur **mē** quoque **oportēre** caeleste sustinēre praeceptum. Nec secus quam cultōrēs cēterī cibīs profānīs iam nunc **temperārem**, **ut** ad arcāna pūrissimae relīgiōnis **pervāderem**.

[Der Priester meinte:] Es sei doch niemand aus meiner Gruppe von so hirnrissigem Verstand, dass er – ohne dass die Herrin (Göttin) es ihm eigens befehle – es wage, den gottlosen Dienst zu verrichten; denn die Schlösser zur Unterwelt lägen in der Hand der Göttin. Also müsse auch ich die himmlische Weisung akzeptieren. Und nicht anders als die übrigen Anhänger solle ich mich schon jetzt nicht geweihter Lebensmittel enthalten, damit ich zu den Geheimnissen der allerreinsten Religion vordringen könne.

GRAMMATIKBEGRIFFE

▶ Weitere Begriffe können über Inhaltsverzeichnis und Register erschlossen werden.

A

Ablativ lateinischer (fünfter) ▶ Kasus; seine Aufgabe im Satz erfüllen im Deutschen andere Kasus.

Adjektiv Eigenschaftswort: *dick, laut, grell;* auch Zahlwörter gehören dazu.

Adverb Umstandswort: *morgen, leider, hier, nie*

Adverbiale Bestimmung ‚Umstandsbestimmung', Angabe zum Handlungsablauf, z. B. auf die Frage *Wann? Wo? Warum? Womit?*

Agens derjenige, von dem eine Handlung ausgeht, die auf jemand/etwas gerichtet ist; diesen/dieses nennt man ▶ Patiens

Akkusativ Kasus, ‚4. Fall' auf die Frage *Wen? Was?*: *Ich höre Straßenlärm.*

Aktiv eine Diathese: Darstellungsform einer Tätigkeit durch das Verb; die Handlung wird vom Täter aus gesehen: *Ich schreibe ein Gedicht.* Dagegen Passiv: *Das Gedicht wird rezitiert.*

Attribut Beifügung zu einem Substantiv, um ein Merkmal von diesem anzugeben; Frage *Was für ein?*: *die grüne Tomate; die Jacke meiner Lehrerin;* auch Relativsätze sind Attribute.

Äußerung in sich sinnvolle Aussage zwischen zwei Pausen

Autorintention Bei der Abfassung eines Textes hat jeder Autor (wie jeder Sprecher) eine Mitteilungsabsicht; alle Textelemente sind auf diese Absicht eingestellt, z. B. Wortwahl und grammatische Ausdrucksweise.

D

Dativ Kasus, ‚3. Fall' auf die Frage *Wem? Für wen?*: *Ich vertraue dir.*

Deklination Formabwandlung eines Substantivs, Adjektivs oder Pronomens in Kasus und Numerus: *die Maus, den Mäusen, ihrer, deren* usw.

Demonstrativpronomen Zeige- oder Verweiswort: *Dieses Buch lese ich, das dort interessiert mich nicht.*

Diathese ‚Zustandsform' des Verbs: Aktiv oder Passiv, auch Reflexivität: *schlagen* oder *geschlagen werden; sich rasieren, einander mögen*

E

Element in der Grammatik zusammenfassende Bezeichnung für „Personen, Lebewesen, Dinge, Sachen, Sachverhalte" usw.

F

Femininum grammatisches ▶ Genus ‚weiblich': *die Wüste, die Kapsel*

Flexion die ‚Beugung' von Wörtern; ▶ Deklination und Konjugation

Futur Tempus des Verbs, mit dem der Sprecher den Blick nach vorn lenkt, bezeichnet meist eine Erwartung, oft eine Vermutung; zeitlich dafür oft Präsens

G

Genitiv Kasus, ‚2. Fall' auf die Frage *Wessen?*: *die Lieder der Indianer; ich beschuldige dich des Diebstahls*

Genus grammatisches Geschlecht: Maskulinum, Femininum oder Neutrum: *der Fluss, die Stadt, das Märchen.* Ggf. auch Ausdruck des biologischen Geschlechts (Sexus), z. B. *die Katze.*

Genus verbi Aktiv- oder Passivform (▶ Diathese)

Gliedsatz abhängiger Satz (‚Nebensatz'), der mit einem anderen Satz meist durch eine Konjunktion verbunden ist: *Wir lachten, weil Emil dumm guckte.*

I

Imperativ Befehlsform des Verbs: *Sprich!*

Imperfekt Vergangenheitstempus des Verbs im Lateinischen, dort immer zusammen mit dem ▶ Perfekt auftretend

Indikativ neutraler ▶ Modus des Verbs; der Sprecher stellt seine Äußerung als *tatsächlich* hin.

Infinitiv Substantivform des Verbs: *das Hören;* im engeren Sinn seine Grundform (Nennform): *hören*

Interrogativ- Frage-, z. B: Interrogativpronomen *Wer?*

K

Kasus ‚Fall', abgewandelte Form eines Nomens: Nominativ, Genitiv, Dativ, Akkusativ, im Lat. außerdem ▶ Ablativ.

Konjugation Abwandlung der Form eines Verbs, z. B. nach Person, Numerus und Tempus: *ich singe, du singst, wir haben gesungen*

Konjunktion Bindewort, das Sätze reihend, zeitlich, logisch miteinander verknüpft, z. B.: *und, aber, obgleich, deswegen*; im Nebensatz Subjunktion genannt (weil sie *unterordnet*).

Konjunktiv Form des Verbs zum Ausdruck einer Redeabsicht (z. B. „unentschiedene Möglichkeit") oder als grammatische Vorschrift in Nebensätzen (Subjunktiv); ▸ Modus

Konnektor Verbindungswort zweier Sätze oder Satzglieder, z. B. Adverbien: *trotzdem, insofern*; Pronomina: *dieser, diejenige*; ▸ Konjunktion

Konnotation die Sachbedeutung eines Wortes zusätzlich begleitende (z. B. positive oder negative, gefühlsmäßige oder stilistische) Vorstellungen beim Sprecher / Hörer

Kontext Zusammenhang, in dem eine Äußerung steht: a) innerhalb eines Textes, b) im Verhältnis zwischen dem Text und der „Außenwelt" des Textes

M

Maskulinum grammatisches ▸ Genus ‚männlich': *der Fisch, der Topf*

Modus Aussageweise des Verbs: *Sie singt morgen* (Indikativ); *sie sänge heute* (Konjunktiv),: *sing jetzt!* (Imperativ)

N

Neutrum grammatisches ▸ Genus ‚sächlich': *das Klavier, das Weib*

Nomen a) deklinierbare Wortart: Substantiv (*der Text*), Adjektiv (*fortschrittlich*), Pronomen (*sie*), Zahlwort (*vier*), Eigenname (*Nora*); b) sehr oft ≈ Substantiv

Nominativ Kasus, ‚1. Fall' auf die Frage *Wer? Was?*: *Das Flugzeug hebt ab.* Der Nominativ Singular dient auch als Grundform (Nennform) des Nomens.

Numerus obligatorische Form beim Nomen: Singular (‚Einzahl') oder Plural (‚Mehrzahl'): *Buch, Bücher*

O

Objekt Ergänzung insbes. eines Verbs durch ein Substantiv in einem anderen Kasus als dem Nominativ, sie bestimmt die Bedeutung des Verbs mit; z. B. Akkusativ: *Ich spiele Karten*; Genitiv : *Der Kranke bedarf der Pflege*; mit Präposition + Kasus („Präpositionalobjekt"): *Fritz wartet auf Anke.*

P

Partizip Vom Verb abgeleitetes ▸ Nomen, das als Adjektiv oder Substantiv dienen kann (*lachend, Geliebte*).

Passiv ▸ Diathese, die das Betroffene in den Vordergrund rückt: *Das Schiff wurde versenkt* (dt. Vorgangspassiv), oder: *Das Schiff ist versenkt* (dt. Zustandspassiv); ▸ Aktiv.

Patiens ▸ Agens

Perfekt Vergangenheitstempus im Deutschen und im Lateinischen, doch mit unterschiedlicher Bedeutung und Verwendung; ▸ Imperfekt

Personalpronomen bezeichnet in der Kommunikation den Sprecher *ich/wir* (‚1. Person') oder den Angesprochenen *du/ihr* (‚2. Person'); Für das Besprochene dient *er/sie/es*, Pl. *sie* (‚3. Person': *Vera lacht, sie ist froh.*)

Perspektive z. B. die Richtung, aus der eine Handlung dargestellt wird; a) vom Handlungsträger (*Agens*) aus (z. B. Aktivsatz), b) vom Betroffenen (*Patiens*) aus (z. B. Passivsatz)

Plural ▸ Numerus (‚Mehrzahl')

Possessivpronomen zeigt die Zugehörigkeit an: *dein Buch, meine Tante*

Prädikat das Verb, das den Satzkern bildet; je nach Bedeutung lenkt es zusammen mit dem ▸ Subjekt im Handlungszusammenhang die Erwartung auf weitere ‚Mitspieler' oder weist nur auf das Subjekt zurück.

Präteritum Vergangenheitstempus des Verbs im Deutschen: *du sangst.*

Pronomen Wort, das auf ein Nomen oder auf Sprecher /Angesprochenen verweist; grammatisch Stellvertreter oder Begleiter eines Nomens: *sie, unser, wer, sich, diese* usw.

R

Reflexivität ▸ Diathese

Relativpronomen verbindet einen Satz mit einem anderen und bezieht sich dabei stellvertretend auf ein Wort im übergeordneten Satz: *Das Fahrrad, das mir geklaut wurde, ist blau.*

S

Satzgefüge Zusammenfügung von selbständigem und abhängigem Satz: *Ihr lacht, obwohl es keinen Grund gibt.*

semantisch die Bedeutung eines Wortes oder einer Äußerung betreffend

semantisches Feld Wörter aus einem Sinnfeld, z. B. *Blaulicht, Hektik, Raubüberfall, alarmieren*, in dem das Thema des Textes zum Ausdruck kommt

Singular ▸ Numerus (‚Einzahl')

Sinnrichtung im engeren Sinn nur das logische Verhältnis zwischen zwei Sachverhalten: *kausal, konzessiv, final, adversativ* u. a.; im weiteren Sinn auch *temporales* und *modales* Verhältnis

Subjekt Die Person/Sache, die ein Sprecher zum grammatischen Ausgangspunkt eines Satzes wählt; Frage: *Wer? Was? Der Sänger singt einen Blues. Das Kind zahnt.*

Subjunktiv Bezeichnung für den Konjunktiv in Gliedsätzen ohne Sinnrichtung

Substantiv auch Nomen (‚Hauptwort'): *Mensch, Sonne, Freiheit*

T

Tempus Form des Verbs: z. B. Präsens, Präteritum, Perfekt, Futur; der Sprecher weist den Hörer damit vom Standpunkt des Textes oder seiner Äußerung aus in die *Vergangenheit*, die *Gegenwart* oder *Zeitlosigkeit*, oder in die *Zukunft*.

V

Verb Tätigkeitswort, Zeitwort: *schlafen, trinken, lieben, hageln*

Vokativ Anredeform eines Nomens in der lateinischen o-Deklination; sonst dient zur Anrede der ▸ Nominativ.

▸ Die Hauptbegriffe sind im Inhaltsverzeichnis zu finden.